가정은

가장 행복한

곳입니다.

그리고

가족은 가장

사랑스러운

사람들입니다.

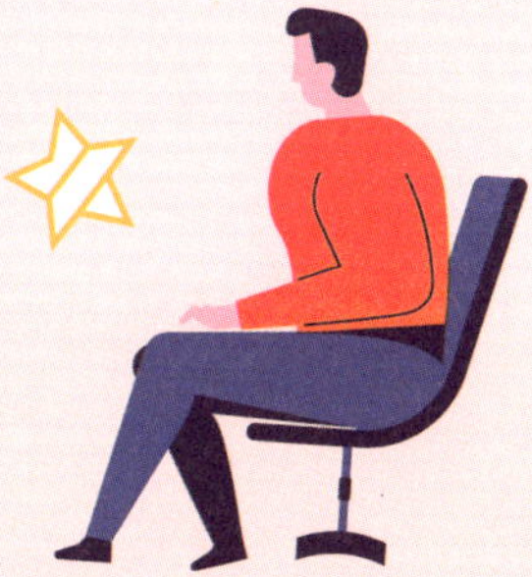

원칙이 없다면

40대에 맞는

자기만의 원칙을

정해야 한다.

원칙이 있는 삶이

아름답고

후회가 적은

법이기 때문이다.

고민을 잊어라.

고민은 털어놓아라.

고민한다고 해서

이루어지는

어떤 일도 없다.

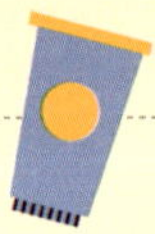

별을 보면

새하얗게 반짝이는 별이 되어

내가 사랑하는 모든 이들에게

죽어서도 사라지지 않을

따뜻한 별 하나 남기고 싶다

하늘의 뜻을 안다는

50대의 삶은

보다 성숙한 인간으로

완성되어가는

첫 길목과 같다.

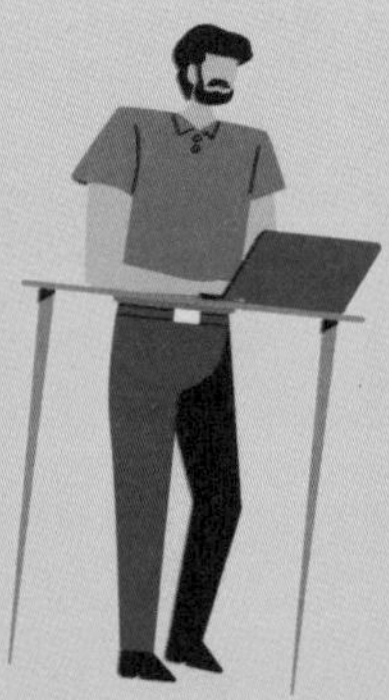

멋지게
나이들기로
마음
먹었다면

멋지게 나이들기로 마음 먹었다면

1판 1쇄 인쇄 2020년 2월 15일
1판 1쇄 발행 2020년 2월 10일

지은이 김옥림
발행인 김주복
편집 한영주
북디자인 밥

발행처 서래
출판등록 2011.8.12. 제 305-2011-000038호
주소 서울시 동대문구 답십리 2동 한신아파트 2동 106호
대표전화 070-4086-4283
팩스 02-989-3897
이메일 2010sr@naver.com

값 15,000원
ISBN 978-89-98588-23-6 03810

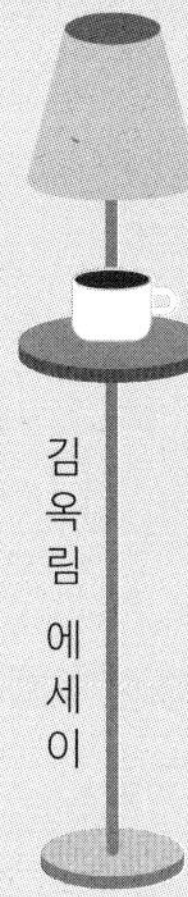

김옥림 에세이

멋지게 나이들기로 마음 먹었다면

서래books

인생의 미드필더인 40대들이 알아두면 좋을 것들

40대는 평균수명을 80으로 볼 때 딱 중간의 나이에 속한다. 축구에 미드필더가 있듯, 인생의 미드필더라고 할 수 있다.

더욱이 40대가 인생에서 중요한 시기인 것은 40대를 어떻게 보내느냐에 따라 다가오는 이후의 삶을 잘 살아갈 수 있기 때문이다. 또한 에이브러햄 링컨은 "마흔이 넘으면 모든 이는 자신의 얼굴에 책임을 져야 한다."라고 말했는데 40대는 자신의 얼굴을 책임져야 할 나이이기 때문이기도 하다. 자신의 얼굴에 책임을 진다는 말에는 가정에서도, 직장에서도, 나아가 사회적으로도 책임이 따른다는 다의적인 의미가 담겨있다.

이는 무엇을 말하는가.

그만큼 40대는 인생에 있어 가장 중요한 시기라는 것이다. 가정적으로는 대개 아이들이 중고등학교에 다니는 시기이고, 직장에서는 간부급 사원으로 아래로는 부하직원을 통솔하고 위로는 상사를 보좌하는 시기이며, 사회적으로는 사회구성원의 중심축을 이루기 때문이다. 그러기 때문에 40대를 소홀히 하거나 무의미하게 되는대로 보낸다는 것은 자신을 스스로 무시하는 일이자 도태시키는 무책임한 일이라고 할 수 있다.

내가 이렇게 말하는 것은 60대가 되고 보니 더더욱 40대를 잘 보내야 한다는 것을 뼛속 깊이 경험했기 때문이다. 즉, 나와 같은 시기를 보내는 사람 중 40대를 잘 보낸 사람들은 현재를 만족해하며 살고 있지만, 대충대충 보낸 사람들은 하나같이 힘들게 보내는 것을 흔히 볼 수 있다는 말이다. 이를 보더라도 그만한 대가를 치르지 않고 저절로 잘 살아지는 삶은 어디에도 없다.

나의 경우에는 같은 40대를 보냈던 사람들을 통해 새롭게 깨닫고 느낀 것을 통해 몇 가지 목표를 세웠는데 이를 제시함으로써 40대들에게 도움이 되고자 한다.

첫째는 좀 더 나를 즐기며 살아야겠다고 생각했다.

40대를 보내놓고 나니 왜 좀 더 40대를 즐겁게 살지 못했는지 가슴이 저릴 만큼 미련이 남는다. 인간의 어리석음 중 하나는 지난 뒤에야 과거의 소중함을 깨닫는다는 것이다. 나 또한 예외를 벗어날 수 없는 어리석은 존재임에 지난 40대에 대해 아쉬움을 떨쳐버릴 수가 없다. 그리고 남은 세월이 지나간 세월보다 짧다. 그러니 더더욱 즐겁고 유쾌하게 살아야겠다는 마음이 간절해졌다.

삶은 흐르는 강물과 같아 한번 지나가면 다시는 되돌릴 수 없다. 나는 이런 절절한 깨달음을 나보다 어린 인생의 후배들에게 들려줌으로써 그들이 마음의 여유를 갖고 웃음 지으며 좀 더 삶을 즐기며 살기를 바란다.

둘째, 하루하루 매 순간을 감사하며 살자고 결심했다.

날마다 눈뜨면 사랑하는 사람들을 볼 수 있음에 감사하고, 푸른 하늘과 아름다운 자연을 볼 수 있음에 감사하고, 먹을 수 있는 즐거움에 감사하고, 내가 하는 일에 감사해야겠다. 아, 손을 꼽아보니 감사해야 할 것들이 왜 그리도 많은지. 지금의 내가 40대 때의 나였더라면 40대를 더 값지고 아름답게 살았을 것이다. 감사한 것이 많다 보니 그만큼 눈물도 많아지고 눈물의 깊이도 더 깊어졌다. 그러나 이 눈물은 감사함에서 오는 행복한 눈물이다. 더 많이 감사하고 더 많이 감사의 눈물을 흘릴 것이다.

셋째, 내 일을 더 열정적으로 해야겠다고 다짐했다.

나는 작가이자 시인이다. 누군가에게 꿈을 주고, 용기를 주고, 희망을 주는 글쓰기를 한다는 것은 가장 멋진 창작의 세계를 사는 일이다. 나는 누구나 부러워하는 그 어떤 직업과도 작가의 길을 바꾸지 않겠다. 그 어떤 권세와 부와 명예와도 바꾸지 않을 것이다.

내 비록 가난하지만, 작가에 대한 자부심과 긍지를 한시도 잊어본 적이 없다. 나는 좀 더 많이 읽고, 좀 더 많이 생각하고, 좀 더 많이 쓸 것이다. 인생의 선배로서 그들에게 삶의 작은 도움이라도 주기 위해 자신에게 게을리하는 것을 추호도 용납하지 않고 오직 작가의 사명을 다할 것이다. 나는 시인이고 작가인 내가 자랑스럽다.

넷째, 영원한 청춘으로 살겠다고 나 자신에게 약속했다.

유대인 출신 미국 시인인 사무엘 울만의 〈청춘〉이란 시를 좋아한다. 그의 표현대로 나이는 숫자에 불과한 것이다. 스무 살 청년도 마음이 늙으면 청춘이 아니다. 그러나 여든의 노인도 마음이 젊으면 청춘이다. 눈을 감는 그 날까지 사랑을 하고, 나보다는 타인을 위해 봉사하며 영원한 청춘으로 살아갈 것이다.

다섯째, 나의 원칙을 끝까지 지키며 살 것이다.

나에게는 작가로서의 원칙이 있다. 하나는 돈과 관련된 경제서적은 절대로 쓰지 않는다. 나는 돈이 인생의 전부가 아니라고 생각한다. 돈은 인간이 살아가는데 필요한 만큼만 있으면 된다. 그런데 나까지 나서서 돈 버는 책을 쓰고 싶지 않다. 그리고 또 하나는 공부를 잘하게 하는 요령을 가르치는 책을 쓰지 않는다. 나는 공부보다는 각자의 재능을 더 중요하게 생각한다. 그래서 나는 강연을 할 때도, 이에 관해 묻는 사람들과 이야기를 할 때도 자신이 좋아하는 일을 하라고 항상 주장한다. 자신이 하고 싶은 일을 할 땐 힘들어도 즐겁고 행복하다. 나는 어떤 순간에도 나의 원칙을 고수할 것이다. 원칙이 없는 삶은 뿌리 없는 나무와 같은 것이니까.

《어려움을 이기는 10가지 법칙》이란 책을 내고 나서 어느 날 한 통의 전화를 받았다. 전화를 한 사람은 마흔한 살의 남자였다. 그는 내 책을 읽고 자신의 고민을 내게 상담받고 싶어 실례를 무릅쓰고 전화를 했다고 했다.

그는 30대 후반에 직장을 그만두고 사업을 시작했다고 했다. 직장도 썩 괜찮은 곳이었지만 자신이 하고 싶은 일이 생겨 직장을 그만두었다는 것이다. 그런데 이상하게도 하는 것마다 자기 뜻대로 되는 일이 없다고 했다. 그러다 보니 4년이 흘렀고 지금은 몸과 마음이 지칠 대로 지쳐 무엇을 한다는 게 두렵다고 했다. 하루하루를 힘겹게 보내던 중 서점에 갔다가 내 책을 보게 되었다고 했다.

그의 목소리에는 많은 피로감이 묻어났다. 패기 넘치는 30대 후반에 잘 나가는 직장을 그만두고 새롭게 시작한 일이 실패했을 때의 좌절감은 실로 컸을 것이다. 그때까진 어떤 실패도 없이 잘 지내왔던 그였기에 그 상실감은 실로 컸던 것이다.

나는 잠시 생각하다 말했다. 나 역시 30대 중반까지 직장 일을 하다 지금이야말로 글쓰기를 본격적으로 할 때라 여겨 과감하게 사표를 집어던졌다. 그 당시 나는 시인으로서 늘 글쓰기에 목말라 있었다. 나에겐 새로운 도전이 필요했다. 그리고 과감하게 도전장을 내민 것이다. 우리나라에서 글만 쓰고 산다는 것이 얼마나 무모하고 힘든 일인지를 잘 알면서도 말이다.

그리고 몇 년 후 그 대가를 혹독하게 치렀다. 하지만 나는 좌절하지 않았다. 상실감을 딛고 포기하지 않고 집중한 끝에 지금에 이르렀다고 말해주었다. 내 얘기를 듣고 그가 떨리는 목소리로 말했다.

"선생님, 저, 희망을 가져도 될까요?"

"물론입니다. 희망은 자신을 버리지 않는 한 그 사람을 절대 외면하지 않습니다. 그리고 당부하고 싶은 것은 처음 일을 시작했을 때처럼 과욕은 금물입니다. 또한, 한 가지 일에만 매달리지 마세요. 모든 가능성을 열어놓고 일을 시작해보세요. 세상은 자신이 원하는 대로 되지 않는 경우가 많습니다. 여러 가지 가능성을 보며 작은 일부터 시도해보세요. 그리고 일이 잘되었을 때 그보다 좀 더 나은 일에 도전하는 겁니다. 그리고 절대 서두르지 마세요. 서두른다고 해서 일이 잘되고 돈이 벌리는 것은 아닙니다. 지혜롭게 성실히 하다 보면 돈도 따라오고 일도 잘되는 것입니다. 세 번의 실패는 더 좋은 것을 주기 위한 인생의 선물이라고 긍정적으로 생각하세요."

그는 내 이야기를 듣고 큰 용기를 얻었다며 감사해했다.

글을 쓰던 도중 이 일에 2시간 가까운 시간을 들였지만 나 또한 그를 통해 일과 삶의 소중함을 다시금 깨닫는 생산적인 시간이었다.

나는 진심으로 그의 앞날에 행운을 빌어주었다.

인생은 원하는 대로 살아지기도 하고 살아지지 않기도 한다. 자신이 원하는 대로 살아지면 지극한 마음으로 감사하라. 하지만 원하는 대로 살아지지 않더라도 좌절하지 말고 불평하지 마라. 지금 하는 일이 곧 자신의 일이다. 그 일은 누가 대신해줄 수 없질 않은가. 그렇다면 그 또한 감사하게 생각하라.

인류의 모든 불행은 감사하지 않는 데서 시작된다.

더 많이 가지려고 굳이 애쓰지 않았으면 좋겠다. 재물은 억지로 갖고 싶어 한다고 가질 수 있는 것은 아니다. 억지로 가지려고 하니 편법을 쓰게 되고, 남에게 상처를 주고, 자신의 양심에 먹칠을 하는 것이다.

그렇게 해서 번 돈으로 먹은들 그것이 온전한 양식이 되겠는가. 그것은 양식을 먹는 것이 아니라 양심을 파는 일이다. 그냥 주어진 일에 열심히 살면 된다. 좀 더 인간미 넘치는 일에서 보람을 찾고, 자신에게 떳떳하고 작은 일에 감사하라. 감사하며 사는 일이 많은 사람일수록 인생을 가치 있게 잘 사는 사람이다. 이에 대해 프리드리히 니체는 다음과 같이 말했다.

"동일한 일에서도 어떤 사람은 그것으로부터 한두 가지 정도밖에 끌어내지 못한다. 그리고 그것은 능력의 차이에서 오는 것이라고 여긴다. 그러나 사실 사람은 어떤 대상물에서 무엇인가를 끌어내는 것은 아니다. 그 대상물에 의해 촉발된 자신 안의 무언가를 스스로 찾아내고 이끌어 가는 것이다. 결국, 풍요로운 대상물을 찾을 것이 아니라 자신을 풍요롭게 만들어야 한다. 그것만이 자신의 능력을 높이는 최고의 방법이며 인생을 풍요롭게 살아가는 방법이다."

니체 역시 어떤 대상에서가 아니라 자신의 내면세계를 통해 인생을 풍요롭게 하라고 말한다.

그렇다. 자신 내면의 가치가 튼실할 때 자신의 삶을 컨트롤할 수 있는 힘이 길러지고, 그로 인해 풍요로운 마음을 갖게 되는 것이다.

니체의 말은 참으로 적절한 지적이 아닐 수 없다.

이 책은 40대를 살아오면서 수많은 실수를 통해 깨달은 소중한 생각과, 실패를 경험하고 얻게 된 생각과, 시행착오를 겪으며 알게 된 생생한 경험을 토대로 해서 쓰였다. 말하자면 소중한 경험의 집합체인 것이다. 경험보다 소중한 지혜는 없다.

유대인이 세계에서 가장 우수한 민족으로 인정받는 것은 오랜 선조 때부터 내려오는《탈무드》를 탐독하고 그에 따라 실천했기 때문이다.《탈무드》는 유대인들의 소중한 경험에서 터득한 지혜를 5,000년 동안 기록한 책이며 지금도 새롭게 기록되고 있다. 이렇듯 모든 지혜는 '경험'에서 오는 것이다.

나는 대한민국의 40대들과 나의 경험을 공유하길 원한다.

다시 말하지만 40대는 인생에 있어 가장 중요한 시기이다. 가정에서나 직장에서나 사회적으로나 가장 중심축을 이루는 시기이기 때문이다. 이 시기를 어떻게 보내느냐에 따라 후반부의 삶이 결정된다. 혹여 지금까지의 삶에 만족하지 못했다면, 또한 만족했더라도 새로운 세계를 꿈꾼다면 새로워지는 일에 익숙해지길 바란다.

이 책은 40대로 살아가는 모든 이들에게 소중한 경험과 지혜와 삶의 철학을 선물할 것이다. 그래서 작은 도움이라도 된다면 그것 또한 감사하게 여길 것이다.

세상이 참 고맙고 감사하다.

대한민국 40대, 모든 이들에게 풍요로운 행복이 늘 함께하길 기원한다.

김옥림

Contents

CHAPTER 1

친절한 인생의 안내자를 둔다는 것은

CHAPTER 2

매 순간 감사하는 삶

CHAPTER 3

더 많이 사랑하고 더 많이 행복하기

CHAPTER 4

하루에 한 번은 반드시 서로를 칭찬하기

CHAPTER 5

부부 수다의 미학

CHAPTER 6

내 인생에 빛이 되는 마음의 시 한 편

CHAPTER 1

친절한 인생의 안내자를 둔다는 것은

청춘의 마음으로 산다는 것은

청춘이란 인생의 어떤 기간이 아니라 그 마음가짐이다.
장밋빛 뺨, 붉은 입술, 유연한 무릎이 아니라
늠름한 의지, 빼어난 상상력, 불타는 정열,
삶의 깊은 데서 솟아나는 샘물의 신선함이다.

청춘은 겁 없는 용기, 안이함을 뿌리치는 모험심을 말하는 것이다.
때로는 스무 살 청년에게서가 아니라 예순 살 노인에게서 청춘을 보듯이
나이를 먹어서 늙는 것이 아니라 이상을 잃어서 늙어 간다.

세월의 흐름은 피부의 주름살을 늘리나
정열의 상실은 영혼의 주름살을 늘리고
고뇌, 공포, 실망은 우리를 좌절과 굴욕으로 몰아간다.

예순이든, 열다섯이든 사람의 가슴속에는
경이로움에의 선망, 어린아이 같은 미지에의 탐구심,
그리고 삶에의 즐거움이 있기 마련이다.

또한 너나없이 우리 마음속에는 영감의 수신탑이 있어
사람으로부터든, 신으로부터든
아름다움, 희망, 희열, 용기, 힘의 전파를 받는 한
당신은 청춘이다.
그러나 영감은 끊어지고
마음속에 싸늘한 냉소의 눈은 내리고,
비탄의 얼음이 덮여 올 때
스물의 한창나이에도 늙어 버리나
영감의 안테나를 더 높이 세우고 희망의 전파를 끊임없이 잡는 한
여든의 노인도 청춘으로 죽을 수 있다.

이는 유대계 미국 시인인 사무엘 울만의 〈청춘〉이란 시이다. 이 시에서 보듯 사무엘 울만은 청춘이란 나이의 숫자에 의미를 두는

것이 아니라 마음가짐에 있고, 끊임없이 영감을 발견하며 희망을 품고 노력하는 사람은 예순의 노인도 청춘일 수가 있고 그렇지 않으면 스물의 나이에도 청춘이 아니라고 말한다.

참으로 옳은 지적이다.

그런데 글을 쓰기 위해 많은 사람을 만나고 취재하는 가운데 느낀 것은, 몸의 나이는 40대인데 마음의 나이가 50대, 60대를 지난 이들이 있다는 것이다. 매우 놀라지 않을 수 없었다.

"인생 뭐 있나요. 되는대로 사는 거지요 뭐."

내가 가장 많이 들은 말이다.

이 짧은 이야기는 많은 것을 시사한다. 인생의 한창때인 40대의 입에서 나온 말 치고는 너무 소극적이고 무책임한 말이 아닐 수 없다.

알고 있다. 그들이 왜 이런 말을 하는지를. 그만큼 자신이 힘들다는 이야기이다. 너나 할 것 없이 현실이라는 시간 속에서 살고 있고, 대한민국이라는 사회에서 살고 있다. 그런데 문제는 삶의 가치와 생각의 차이가 너무도 판이하다는 것이다. 이런 삶의 가치와 생각의 차이를 좁힐 필요가 있다. 그러지 않는다면 자신에게 짐으로써 영원한 패배자로 남을 수 있기 때문이다.

이런 비생산적인 삶의 자세를 바꾸려면 마음을 바꾸어야 한다.

내가 힘들면 남도 힘들고, 내 마음이 아프면 남도 아프다. 대한민국이라는 같은 현실의 울타리에서 숨 쉬며 살아가는데 어찌 다를 수 있을까. 다 똑같지만, 현실을 받아들이는 마인드에 차이가 있는 것이다. 그런데 왜 그 생각은 하지 않고 자기 연민에 빠져 스스로 무가치한 사람으로 전락시키려고만 하는가. 자신을 무가치한 사람으로 전락시켜 봐야 돌아오는 건 부정적이고 비관적인 아픔뿐이다.

터닝 포인트turning point란 말이 있다. 자신의 현실을 새로운 현실로 나가게 하는 삶의 전환을 말한다. 자신이 힘들다고 여길 때일수록 삶의 전환이 필요하다.

지금으로부터 500여 년 전 에스파냐(지금의 스페인)에 한 남자아이가 태어났다. 아버지는 외과 의사였지만 각지를 떠도는 바람에 정규 교육도 제대로 받지 못했다. 하지만 그는 인문학자인 로페스 데 오요스가 편집한 펠리페 2세 왕비의 추모 시문집에 세 편의 시가 수록될 만큼의 교양과 시재를 지녔다.

1597년 이탈리아로 간 그는 군대에 들어갔다. 그리고 레판토 전투에 참여했다가 총에 맞는 불운을 겪었다. 목숨은 구했으나 그 사고로 왼쪽 팔을 쓰지 못하게 되었다.

그는 공로를 인정받아 왕의 동생이자 제독인 후안으로부터 훈장을 받고 귀국하던 중 터키 해적선의 습격을 받고 포로가 되어 5년 동안 알제리에서 노예 생활을 하며 청춘을 썩혀야만 했다. 그는 네 번에 걸쳐 탈출을 시도했지만 모두 실패했다. 그로 인해 처형당할 위기에 처했으나 극적으로 살아났다. 그의 나이 33세에 간신히 풀려나 고국으로 돌아왔지만, 그에게 돌아온 건 가난과 시련뿐이었다. 그는 돈을 벌려고 희곡을 썼지만 빛을 보지 못했다. 그는 먹고살기 위해 세금수금원으로 일했다. 그러나 공금을 맡겨두었던 은행가가 잠적하는 바람에 공금을 횡령했다는 죄목으로 투옥되어 아무런 잘못도 없이 억울한 옥살이를 한 끝에 풀려났다. 그는 훗날 이때를 자신의 인생에서 가장 혹독했던 시절이라고 고백할 만큼 좌절하고 힘든 시기를 보냈다.

그러나 그는 자신의 인생을 결코 포기하지 않았다. 이대로 끝나버리면 영원한 인생의 패배자라는 생각이 들었던 것이다. 그 생각은 그에게 인생의 터닝 포인트가 되었다. 그는 마음을 다잡고 자신의 꿈을 이루기 위해 펜을 잡았다. 그의 나이 56세 때였다.

그리고 밤낮으로 글을 썼다. 뒤늦은 나이에 글을 쓴다는 것은 마음처럼 쉽지 않았다. 쓴 글이 마음에 들지 않으면 다시 썼고, 막히면 멈췄다가 맘에 드는 생각이 떠오를 때 썼다. 그는 온 힘을 쏟은 끝에 드디어 소설을 탈고하였다. 그의 나이 58세였다.

이 작품이 바로 세계의 고전이자 명작으로 평가받으며 우리나라 국문학 교수와 작가들이 세계 최고의 명작으로 꼽는 《돈키호테》로 이를 쓴 작가는 미겔 데 세르반테스이다.

그는 잘난 귀족 출신도 아니고, 부유하지도 않았다. 그는 배움도 짧은 사람이었다. 한마디로 말해 별 볼 일 없는 사람이었다. 게다가 그는 전쟁으로 부상을 당하고 해적에게 붙잡혀 노예 생활을 하다가 죄를 뒤집어쓰고 투옥되는 등 파란만장한 삶을 산 사람이었다.

그런데 그가 56세라는 나이에 꿈을 새롭게 불사르며 명작을 쓸 수 있었던 것은 청년 정신으로 자신을 무장했기 때문이다. 만일 그가 시련을 이겨내지 못하고 삶을 포기했다면, 그는 영원한 인생의 패배자로 남았을 것이다.

우리나라 소설 문단에 한 획을 그은 소설가인 그녀

그녀의 삶 또한 순탄치 않았다. 그녀는 푸른 꿈을 안고 서울대에 입학했지만 가정의 생계를 위해 그만두어야 했다. 그리고 얼마 후 결혼을 하여 자신의 꿈을 가정생활 속에 파묻어두어야 했다.

그녀는 보통 주부들처럼 남편과 자식을 위해 자신을 바쳐야만 했다. 그러던 중 남편을 잃고, 사고로 사랑하는 아들을 잃는 불행을 겪었다. 그녀는 고난의 광풍에 휘둘리며 쓰디쓴 인생의 열패감 속에 시달렸다.

그러나 그녀는 쓰러지지 않고 자신이 해야 할 일을 찾았다. 그녀는 펜을 들었다. 그리고 자신이 겪었던 아픔의 세월을 글로 쓰기 시작했다. 심혈을 기울인 끝에 소설이 완성되자 〈여성동아〉 소설 현상 모집에 응모하였고 결과는 당선이었다. 그녀 나이 40살 때 일이다.

그 후 그녀는 내놓는 작품마다 문단의 호평을 받았고 독자들의 열렬한 사랑을 받았다. 그녀의 주요 대표작으로는 소설 《그 많던 싱아는 누가 다 먹었을까》, 《그 남자네 집》, 《엄마의 말뚝》, 《친절한 복희씨》 등을 비롯해 산문집 《못 가본 길이 더 아름답다》 등 많은 작품이 있다. 그리고 그녀가 후배 작가들의 존경을 받고 독자를 감동하게 했던 것은 세상과 이별을 할 때까지도 손에서 펜을 놓지 않았다는 사실이다.

그녀는 비록 40이라는 늦은 나이에 등단했지만, 누구보다도 치열한 작가정신을 보여준 우리 시대의 위대한 작가였다. 그녀는 바로 박완서이다.

우리가 여기서 주목해야 할 것은 그녀가 남긴 업적이 아니다. 그녀는 40이라는 나이에도 꿈을 잃지 않았다는 것이다. 더구나 여자 나이 40에 무엇을 한다는 것은 1970년 당시로는 매우 힘든 일이기 때문이다. 그런데도 그녀는 시도했고 해냈다. 그녀의 청년정신은 평범했던 그녀의 삶을 180도로 완전히 뒤바꾸어 놓았던 것이다.

세르반테스와 박완서가 성공적인 인생을 살 수 있었던 것은 어떤 상황에서도 절망하지 않고, 그 상황을 새로운 인생의 터닝 포인트로 삼았다는 데 있다. 인간의 삶이란 시대를 떠나 별반 다를

게 없다는 것에 주목할 필요가 있다.

이에 대해 어떤 이들은 핏발을 세워 반박할지도 모른다.

"그때는 지금과 상황이 달랐거나 무언가는 그만한 여건이 되었겠지."

하지만 이런 말을 하는 사람들은 대개 열패감에 빠진 사람들이거나, 삶의 목표를 잃고 인생의 바다에서 표류하는 사람들이다.

왜 자신을 스스로 못난 사람으로 전락시키려 하는가. 자신을 직시하는 눈과 세상을 보는 눈을 가져야 한다.

내가 문예 창작을 강의할 때 일이다. 문학 수업을 받는 사람 중엔 30~40대 외에 50, 60대들도 많았다. 문학 강의를 듣는 자세가 자못 그렇게 진지할 수가 없었다. 어쩌다 질문이라도 할라치면 수줍어하는 모습이 순수한 소녀와 소년 같았다. 그들은 뒤늦게나마 자신이 하고 싶은 문학을 공부한다는 것에 매우 행복해했다.

"선생님, 저는 이 나이에 문학을 공부하는 것이 정말 감사해요. 저도 제 꿈을 이룰 수 있을까요?"

이 말을 한 사람은 수강생 중 제일 연장자인 67세의 여성이다.

"그럼요. 열정을 갖고 꾸준히 하시면 충분히 할 수 있습니다. 작품도 좋습니다. 그러니 지금처럼 열심히 하시면 됩니다."

그녀는 내 말에 환하게 웃었다.

2년의 수업을 마치는 동안 그녀는 각종 백일장에서 최우수상을 받는 등 놀라운 성과를 이뤄냈다. 그리고 소녀 때부터 꿈에 그리던 시인으로 등단하는 기쁨을 누렸다.

비단 그녀만의 이야기가 아니다. 함께 공부했던 수강생 중 좋은 결과를 낸 사람들 중엔 50대가 30, 40대보다도 더 많았다.

나이는 단지 숫자에 불과했을 뿐, 생물학적인 나이보다 더 중요한 것은 무엇을 이루겠다는 '열정의 나이'였던 것이다.

지금도 열심히 활동하고 있다는 소식이 들려올 때면 그들이 꿈을 이루는 데 작은 힘이라도 되었다는 것에 흡족한 마음이 든다.

40이라는 나이는 매우 중요하다

인생을 80으로 보았을 때 40이란 딱 중반의 나이이다. 중간이라는 것은 허리를 의미한다. 축구 경기에서 허리를 맡고 있는 미드필더의 역할은 매우 중요하다. 미드필더가 제 역할을 못하면 상대 팀의 공격을 쉽게 허용하여 패배하기에 십상이다.

인생의 미드필더인 40대.

그런데 그 나이에 "인생 뭐 있나요. 되는대로 사는 거지요 뭐."라고 말한다는 것은 얼마나 치졸하고 무책임한가.

"꿈꾸는 것은 무엇이든 이룰 수 있다."

이는 시, 비평, 정치, 과학 등 여러 방면에서 뛰어난 두각을 보인 독일의 시성 요한 볼프강 폰 괴테의 말이다.

"오늘이라는 날은 두 번 다시 돌아오지 않는다. 이를 잊지 마라."

영원한 세계의 고전 《신곡》을 쓴 이탈리아의 시성 단테의 말이다.

꿈은 인생의 나이를 따지지 않는다. 다만 못난 사람들이 나이로 꿈을 꾸니 못 꾸니 하며 떠들어댈 뿐이다.

나이를 먹어갈수록 나는 나 자신이 정말 소중하다고 생각하게 된다. 그래서 좀 더 열심히 살아야겠다는 생각이 간절한데, 이는 인생은 단 한 번뿐이라는 생각이 나를 더욱 삶 앞에 경건하게 하고, 진실하게 하는 마음을 갖게 하기 때문이다.

'더 좋은 책을 쓰자. 더 좋은 생각을 하자. 더 의미 있는 내가 되자.'

내가 이런 생각을 하게 되고 삶 앞에 겸손해질 수 있었던 것은 40대를 살아봤기 때문이다.

나의 40대는 아쉬움이 많다. 치열하게 나를 살았다고 생각했지만, 시간이 지날수록 그때를 돌이켜 보니 후회되는 일이 더 많다. 왜 좀 더 열정을 바치지 못했지, 왜 좀 더 열심히 사랑하지 못했지, 왜 좀 더 의미 있게 보내지 못했지, 라는 생각이 나를 반성하게 했던 것이다.

지금 나의 열정은 그 누구도 막을 수 없을 만큼 강렬하다. 그런 만큼 두 번 다시 오지 않을 인생을 위해 나의 모든 열정을 다 소진할 것이다. 한 줌의 재로 남아도 좋다. 아낌없이 살다 아낌없이 갈 것이다. 값진 인생은 그냥 이루어지지 않는 까닭이다.

청춘은 겁 없는 용기, 안이함을 뿌리치는 모험심을 말하는 것이라네. 때로는 스무 살 청년에게서가 아니라 예순 살 노인에게서 청춘을 보듯이 나이를 먹어서 늙는 것이 아니라 이상을 잃어서 늙어 간다네.

이 시구에서 보듯 생각이 늙으면 마음도 늙는다. 언제나 이상을 품고 그 이상을 향해 씩씩하게 나아가야 한다. 다시 오지 않을 인생을 위해 영원한 청춘으로 살아가야 한다.

그렇다. 30대까지가 인생을 알아가는 나이라면 40대는 다가올 후반기 인생을 잘 맞아들이기 위해 준비하는 가장 중요한 시기임을 기억하라.

넘침의 유혹에서 자유로워지려면

넘쳐서 좋은 것도 있지만 넘쳐서 좋지 않은 것도 많다.

넘쳐서 좋은 것은 행복, 건강, 사랑, 우애 등을 꼽을 수 있다. 이런 것들은 많으면 많을수록 좋다.

하지만 과음, 과식, 탐욕, 흡연, 미움 같은 것은 넘칠수록 해가 된다.

그런데 이상하게도 사람들은 좋은 것보다는 그렇지 않은 것에 더 흥미를 갖는다. 흡연이 몸에 좋지 않다는 것과 과음이 몸을 망친다는 것은 너무도 잘 알고 있다. 그런데도 줄담배를 피우고, 몸을 가눌 수 없을 정도로 폭음을 한다.

쓸데없는 것은 단지 쓸데없는 것일 뿐이다.

어느 날 후배가 입원했다는 소식을 접하고 병문안을 하러 간 적이 있다. 그는 45세의 건장한 사내다. 대기업 차장으로 근무하며 곧 부장 승진을 앞두고 있었다. 그런데 그가 벌건 대낮에 직장이 아닌 입원실 침대에 누워 있었던 것이다.

"서, 선배님. 어떻게 알고 오셨어요?"

그는 내가 문을 열고 들어가자 엉거주춤 일어나며 말했다.

"그냥 누워 있게."

"아닙니다. 괜찮습니다."

그는 머리를 긁적이며 계면쩍게 웃었다.

"그래 몸은 좀 어떤가?"

"그냥저냥 견딜 만합니다."

"그래? 다행이군. 그런데 자네 혼 좀 나야겠어."

나는 그를 쳐다보며 말했다.

"선배님, 저 좀 혼내주세요. 정신이 바짝 나게요."

그는 이렇게 말하며 엷게 웃었다.

나는 평소 폭음하는 그에게 적당히 마시라고 말했다. 그럴 때마다 그는 그러겠다고 했다. 그는 내 앞에서는 조심해서 술을 마신다. 내가 폭음을 절대 용납하지 않는다는 것을 잘 알기 때문이다.

그런데 직장 회식 때나 다른 사람과 마실 때는 폭음을 한다. 그가 병원 신세를 진 건 내가 아는 것만 해도 이번이 네 번째다.

나는 이번만큼은 절대로 그냥 넘길 수 없어 따끔한 충고를 했다.

"이 사람아, 자네 나이 벌써 마흔다섯이네. 자네가 20, 30대인 줄 아는가. 요즘 똑똑한 젊은 직장인들은 자기 몸 아껴 무모하게 폭음을 안 한다고 하네. 그런데 가정에서나 직장에서나 가장 중요한 시기인 이때 술 먹고 병이 나 병원 신세를 지다니 이게 도대체 될 말인가. 자네 부인을 생각하고 애들 생각을 해야지. 자넨 혼자가 아냐. 자네가 쓰러지면 가족들이 어떻게 되겠나. 지금의 자넨 자네보다도 자네 가족을 더 생각해야 한다는 것을 잊지 말게. 만일 퇴원 후에도 이런 일이 또 있을 시에는 자넬 후배로 인정하지 않겠네."

그는 내가 말하는 내내 고개를 푹 떨구고 "네, 네." 하며 귀담아들었다. 그도 그럴 것이 단호한 내 성격을 잘 아는 터라 신중하게 받아들이는 게 역력했다. 그리고 이렇게 말했다.

"선배님, 두 번 다시는 폭음은 물론 술을 삼가도록 하겠습니다."

"그 말 참인가?"

"네, 선배님. 제가 선배님께 어떻게 허위로 말할 수 있겠습니까? 이번엔 정말입니다."

"고맙네. 그렇게 말해줘서."

"무슨 말씀을요. 제가 감사하지요."

그는 이렇게 말하며 웃었다.

그는 간경화 증상이 나타난다고 했다. 그의 표정에서 병의 심각성을 느낄 수 있었다. 그는 그 일을 통해 현실을 직시하는 눈을 갖게 되었다.

그리고 꾸준히 치료한 끝에 건강을 되찾을 수 있었다. 그리고 자신의 결심대로 술을 안 마신다.

그가 술을 마시지 않자 집안 분위기가 싹 바뀌었다. 그는 가족들과 함께하며 남편으로서 아빠로서 본분을 다하고 있다. 그가 바뀌니 가족들도 바뀌고 그로 인해 즐거운 나날을 보내고 있다.

2년 전 세상을 떠난 지인이 있다.

그는 중소기업을 경영하며 남부럽지 않은 삶을 살았다. 성격 좋고, 인심도 후해 남의 부탁을 거절하지 못하는 사람이다. 그래서 그의 주변엔 늘 사람들로 가득 찼다.

그 또한 술을 즐겨 하루도 술을 마시지 않는 날이 없을 정도였다. 사람 좋은 그는 사람들과 어울리는 것을 좋아해 늘 술을 즐겼다. 폭음하는 편은 아니었지만 보통 사람들보다는 주량이 많았다.

아무리 강철 같은 몸을 가졌다 한들 매일 마시는 술을 당해낼 수는 없는 법이다. 그렇게 마신 술은 사람들과의 사이를 돈독케 하는 데는 효과적이었지만 그의 몸을 상하게 하는 독이 되었다.

어느 날 그가 쓰러졌다는 연락을 받았다.

내가 병원으로 달려갔을 때 이미 그는 의식을 잃은 상태였다. 산소 호흡기에 의지해 목숨을 부지하고 있는 그를 보자 만감이 교차했다. 그렇게 사람 좋아하고 술 좋아하던 그가 의식 없는 나무토막처럼 누워 있다니.

적당히 마시는 술은 사람을 기분 좋게 하고 건강에도 좋다. 하지만 과음은 사람을 죽게 하는 독이라는 생각이 떠나질 않았다.

그는 병원 중환자실에 있은 지 열흘 만에 더는 세상 빛을 보지 못하고 떠나고 말았다.

술은 좋은 사람 나쁜 사람을 가리지 않는다. 사람이 조심하지 않으면 안 된다. 그런데도 사람들은 기분에 취해서, 분위기에 이끌려서 자신이 채 이기지도 못할 만큼 술을 마신다. 과음이야말로 과유불급의 본보기라 할 것이다.

그가 떠나고 나자 그가 없는 가족들의 삶은 많은 변화를 가져왔다. 살림만 하던 그의 부인이 그를 대신해서 가게를 하며 생계를 꾸려가고 있다. 시집간 딸은 잘 살고 있지만 아직도 공부를 하는 아들이 있다. 곱던 그의 부인은 어느새 눈가에 잔주름이 자글자글한 초로의 여인이 되었다. 만일 그가 살아있다면 그의 부인이나 자식들은 지금보다 더 나은 환경에서 삶을 누리며 살았을 거라는 생각에 마음이 아프다.

과유불급過猶不及이라 했다.

아무리 좋은 것도 넘치면 해가 된다는 말이 왜 이토록 절절하게 가슴에 와닿을까. 이렇게 쓰고 있자니 환하게 웃는 모습의 사람 좋던 그가 더욱더 그립다.

후배나 지인 모두 인생의 중반기인 40대에 과유불급의 쓴잔을 마셨다.

40대란 나이는 자신을 살피며 살아가는 시기이다. 또한, 어떤 것에도 흔들리지 않는 불혹이 아닌가?

그런데 우주의 으뜸이며 만물의 영장인 사람이 술 하나 이기지 못해 쓰러진다면 그건 자신에게 생명을 주신 부모에 대한 불효가 아닐 수 없다.

코미디언 이주일이 흡연으로 인한 폐암으로 세상을 떠났다. 젊은 시절 온갖 고생을 이겨내고 최고의 코미디언으로 사랑받던 그가 죽기 전 공익광고에 나와 흡연은 건강을 해치는 몹쓸 일이라고 호소하던 모습이 떠오른다.

그는 하루에 서너 갑의 담배를 즐기던 담배 마니아였다. 그러나 그것이 자신의 건강을 야금야금 갉아먹는 독이 될지는 몰랐던 것이다.

그는 사형선고를 받고 나서야 자신을 통제하지 못한 것에 대해 뼈아픈 후회를 했다. 그리고 자신과 같은 불행을 막기 위해 처참한 모습으로 공익광고에 출연해 금연할 것을 호소했다. 그가 흡연의 위험성을 진즉에 알았더라면 최고의 전성기를 누리며 더 행복한 삶을 추구했을 것이다.

“남이 하는 일을 잘 알고 있는 사람은 똑똑한 사람이다. 자기 자신을 잘 알고 있는 사람은 그 이상으로 총명한 사람이다. 그리고 남을 설복시킬 수 있는 사람은 강한 사람이다. 그러나 자기 자신을 이기는 사람은 그 이상으로 강한 사람이다.”

노자의 말이다.

노자는 세상에서 가장 총명한 사람은 자신을 잘 아는 사람이고, 가장 강한 사람은 자신을 이기는 사람이라고 했다.

그렇다. 자기 자신을 컨트롤할 줄 아는 사람이 똑똑한 사람이며 강한 사람이다. 왜냐하면 사람은 누구나 자신에게는 관대하기 때문에 잘못을 저지르고도 아무렇지도 않게 자신을 용서한다. 하지만 타인의 잘못은 그냥 봐주지 못한다. 그러기에 자기 자신을 이겨내는 사람이야말로 진정으로 강한 사람이라고 할 수 있다.

넘침의 유혹에서 자유로워지려면 자기 자신을 이겨내야 한다. 자기 자신을 이겨내는 사람은 절대로 과한 행동을 하거나, 분수에 어긋나는 짓 따위는 하지 않는다.

“자신의 마음을 올바르게 하려면 냉정하게 자신을 억제할 줄 알아야 한다.”

프랑스의 철학자이자 비평가인 알랭의 말이다. 그의 말에서 보듯 자신을 바르게 하기 위해서는 자신을 억제하는 능력을 길러야 한다.

노자나 알랭의 말처럼 넘침의 유혹을 이겨내려면 자신을 스스로 통제하는 힘을 길러야 하는 것이다.

40대는 기분에 따라 휘둘려서는 안 된다. 감정에 치우쳐서도 안 된다. 어떤 상황에서도 자신을 통제하고 제어하는 능력을 지녀야 한다.

만일 자신이 생각할 때 그런 점이 부족하다고 판단된다면 자신에게 강해질 필요가 있다. 그렇지 않는다면 언제 어느 때 '과유불급'의 쓴맛을 볼지 모른다.

자신에게 강하고 지혜로운 40대가 되어야 한다. 그리고 그 어떤 것에도 좌우되지 않는 강한 마인드를 길러야 한다. 그것만이 넘침의 유혹에서 벗어나 멋지고 활기찬 인생 2막을 열게 한다는 것을 잊지 말아야 할 것이다.

독서량과
마음의 근육

우리나라 성인의 평균 독서량은 일 년에 12권이 채 안 된다고 한다. 그러니까 한 달에 책 한 권도 안 읽는다는 것이다. 그리고 일 년에 단 한 권의 책도 읽지 않는 사람이 열 명 중 세 명이나 된다고 하니, 글쓰기를 업으로 하는 작가로서 가슴이 먹먹해진다.

책이란 삶의 근본을 제시하는 가장 좋은 벗이다. 더구나 하루가 다르게 변화하는 현대사회에서의 독서는 그 어느 때보다도 중요하다. 제아무리 인터넷이 발달했다고 한들 그것은 잠깐 스쳐 가는 앎을 제공할 뿐이다. 진정한 앎은 책장을 넘기며 종이 냄새를

맡으며 책을 읽을 때 생겨나는 것이다.

우리나라 성인들이 책을 읽지 않는 여러 이유 중 가장 큰 이유는 '시간이 없다'라는 것이다. 물론 직장생활을 하다 보면 그럴 수 있다는 생각이다.

하지만 이것은 이유라기보다는 핑계에 불과하다는 생각이 드는 것은 왜일까? 그것은 바쁜 와중에도 서점을 내 집처럼 드나들며 자아를 발견하고 자기 계발에 힘쓰는 사람들이 있다는 데 있다. 그들이라고 해서 시간이 남아돌 리가 없다. 그들 또한 시간 없기는 매한가지일 것이다. 대한민국에서 직장생활을 하는 이들이라면 근무환경이 크게 다를 바가 없다. 가정생활 또한 별반 다를 게 없다. 그런데도 그들은 시간을 쪼개가며 책 읽기를 즐긴다.

독서삼여讀書三餘라는 말이 있다.

위나라에 춘추좌씨전春秋左氏傳의 주석으로 유명한 동우라는 이가 있었다. 그는 학문이 뛰어나고 온화한 성품을 갖춘 사람이었다. 어느 날 젊은이가 그를 찾아와 말했다.

"저, 선생님의 제자가 되고 싶습니다."

"내 제자가 되고 싶다?"

"네, 선생님. 그러니 저를 제자로 삼아주십시오."

젊은이는 패기 있게 말했다.

그러자 동우는 젊은이를 찬찬히 살펴보고는 입을 열었다.

“책을 읽도록 하시오.”

“책을 읽는다고 그 뜻을 아는 것은 아니지 않습니까?”

“그렇지 않소. 책이란 거듭해서 읽다 보면 저절로 그 뜻을 깨닫게 되는 것이오.”

그러자 젊은이가 조심스럽게 말했다.

“선생님, 제겐 그럴 여가가 없습니다.”

“여가가 없다니 그 무슨 말이오?”

“농사짓기에도 바쁜데 언제 책을 읽고 뜻을 깨칠 수 있겠습니까?”

젊은이는 매우 당연한 듯 말했다.

“그렇지 않소. 그건 다만 핑계일 뿐이오.”

“선생님, 핑계가 아닙니다. 정말 여가가 없습니다.”

“내 말을 잘 들으시오. 사람에게는 세 가지의 여가가 있소. 첫째는 농사를 짓지 않는 겨울이고, 둘째는 비 오는 날이며, 셋째는 밤이오. 그런데 여가가 없다는 것이 말이 된다고 생각하시오?”

동우의 말을 듣고 젊은이는 큰 깨우침을 얻었다고 한다. 이렇듯 독서삼여란 독서하기에 좋은 세 가지 여가를 일러 하는 말이다.

동우의 말에서 보듯 마음만 먹으면 책을 읽을 시간은 얼마든지 만들 수 있다. 그런데도 우리나라 성인들은 시간이 없다는 것으로 책을 읽지 못하는 것에 대한 그럴듯한 변명으로 삼는다. 그러면서도 골프 치러가고, 낚시하러 가고, 고스톱하고, 포커하고, 하루도 거르지 않고 술 마시며 시간을 보낸다.

그건 다 살기 위한 비즈니스의 방편이라고 할지도 모르겠다. 하지만 왜 꼭 비즈니스의 방편을 그런 것에서만 찾으려고 하는가. 물론 그럴 수밖에 없는 때도 있겠지만 그것은 어디까지나 예외의 경우일 뿐이다.

또한 우리나라 40대 여성들은 어떠한가. 친구들 만나 수다를 떨고, 계를 하고, 몸매 가꾸고, 공중파 채널은 물론 유선 채널을 이리저리 바꿔가며 텔레비전에서 눈을 떼지 못한다. 한마디로 아낌없이 시간을 보낸다.

물론 수다를 떨 땐 떨어야 한다. 수다는 여성들이 스트레스를 날려버리는 데 있어 좋은 수단이니까 말이다. 계를 하고 몸매 관리하는 것도 나쁘지 않다. 나만 좀 줄이고 자기만의 독서를 하라는 것이다. 그러고 보니 여성들 역시 남성들과 크게 다를 바 없다.

책이란 때와 장소를 가리지 않고 읽을 수 있고, 부피도 크지 않아 어디든지 갖고 갈 수 있는 이점이 있다. 그래서 시간이 날 때 틈틈이 읽으면 되고, 부피 또한 크지 않으니 간수하는데 아무런 문제도 되지 않는다.

책은 '마음의 근육'을 키우는 가장 좋은 수단이다. 마음의 근육이란 운동으로 육체의 근육을 단련하는 것처럼 책을 통해 지혜를 기르고, 지식을 쌓는 일을 말한다. 지혜와 지식은 마음을 풍요롭게 하고 여유롭게 하며 깊이 있는 통찰력을 갖게 한다. 이것이 곧 '마음의 근육'을 키워야 하는 이유이다.

책 읽기는 동우의 말처럼 세 가지 여가를 통해 읽으면 된다.

현실에 맞는 세 가지 여가는 첫째, 시간 날 때 틈틈이 읽는다. 차 안에서도 좋고, 사람을 기다리는 커피숍에서도 좋다. 둘째, 밤에 자기 전에 읽는다. 잠자기 전 20분만 투자하라. 셋째, 운동 등 여가를 줄여서 읽는다. 특히 운동 시간이나 여가를 줄이는 것이 좋다. 운동과 여가에만 힘쓰다 보면 피곤해서 시간이 나면 잠자기에 바쁘다. 그러니 조금만 줄이면 피곤도 덜 하고 책 읽을 시간을 갖는 데 무리가 없을 것이다.

그렇다. 책 읽는 시간을 만들려면 얼마든지 만들 수 있다.

독서광으로 널리 알려진 문재인 대통령은 대한민국에서 가장 바쁜 사람 중의 한 사람이다. 그런데 그는 시간이 없어 독서를 하지 못한다고 절대 말하지 않는다. 누구보다도 바쁜 그가 독서를 즐기는 것은 어렸을 때부터 길러진 독서 습관이 크게 작용한다.

하지만 그것보다는 독서가 주는 가치에 대해 잘 알고 있기 때문인데 독서는 삶의 혜안을 길러주고, 마음을 풍요롭게 하며, 앎에 대한 즐거움을 준다.

그는 인권변호사 시절, 노무현 정부 민정수석과 비서실장 시절, 정치인 시절을 보내는 와중에도 손에서 책을 놓지 않았다. 또한 대통령으로서 국가와 국민을 위해 헌신하는 바쁜 중에도 틈틈이 책을 읽는다. 그가 대한민국의 새로운 미래를 위해 그 누구도 하지 못했던 새로운 길을 가고 있는 원동력은 변화를 두려워하지 않는 강한 자신감에 있다. 그 자신감을 길러준 것이 바로 독서를 통한 '마음의 근육'이다.

근육이 강해야 건강한 몸으로 힘을 쓸 수 있듯 '마음의 근육'이 강해야 매사에 자신감이 넘쳐 새로운 일도 척척 해내게 되는 것이다.

독서는 '마음의 근육'을 기르는 가장 쉽고도 좋은 수단이다. 그러니까 독서를 즐겨야 한다는 것이다.

내가 아는 이 가운데 책값으로만 한 달에 20~30만 원을 쓰는 사람이 있다. 그러면 혹자는 이렇게 말할 것이다.

"돈 있는 사람인가 보네. 책 사는 데 돈을 펑펑 쓰는 걸 보니."

하지만 그렇지 않다. 그는 공무원이다. 그런데 그가 책을 사기 위해 상당한 돈을 쓰는 데는 그만한 이유가 있다. 그는 독서를 매우 좋아한다. 그리고 퇴직한 후 향토문화에 대해 연구하려는 계획을 갖고 있다. 그동안 그가 사 모은 책이 5,000권이 넘는다. 그것을 돈으로 환산하면 수억도 더 된다. 여기서 한 가지 분명하게 짚고 넘어갈 것이 있는데 그는 돈이 있어서 책을 사는 게 아니다. 자기가 좋아하는 책을 사기 위해서 술 담배도 하지 않는다. 그 돈으로 책을 사는 것이다. 그만큼 그는 책을 좋아한다. 가끔 그를 보면 수십억 수백억을 가진 사람보다도 더 행복해 보인다. 책이 주는 가치가 그를 매우 가치 있는 사람으로 바라보게 한다.

"독서의 습관을 몸에 지닌다는 것은 인생에 있어서 거의 모든 불행으로부터 당신을 지켜주는 피난처를 마련한다는 것을 잊지 마라."

이는 S. 모옴의 말이다.

그의 말은 독서는 지혜를 길러줌으로써 어떤 어려움 속에서도 헤쳐나갈 수 있다는 것이다.

"단 한 권의 책밖에 읽지 않은 사람을 경계하라."

이 말을 한 사람은 영국 빅토리아 시대에 총리를 두 번이나 지낸 벤저민 디즈레일리이다. 책을 읽지 않는 사람은 상대할 가치가 없다는 것이다. 그만큼 책이란 사람의 가치를 평가할 만큼 가치를 지닌다는 말이다.

동화의 아버지라고 불리는 한스 크리스티안 안데르센은 이렇게 말했다.

"자기를 아는 것이 참다운 진보다."

자기를 잘 알게 해주는 것 또한 독서가 지니는 가치라고 할 수 있다.

'책 속에 길이 있다.'는 말은 누구나 잘 알 것이다.

그러나 잘 알고 있으면서도 행하지 않는다는 것은 자기 자신에 대한 이율배반적인 행위이다. 모르면서 안 해도 큰 잘못이지만, 알고도 안 하는 것은 더 큰 잘못이다.

평생을 읽어도 다 못 읽는 것이 책이다.

책을 읽어라. 누구의 미래를 위해서가 아니다. 오직 자신의 미래를 위해 책을 읽고 '마음의 근육'을 기르라는 것이다.

그렇다. 단단한 마음의 근육이 삶을 더욱더 풍요롭게 한다는 것을 잊지 마라.

친절한 인생의 안내자를 둔다는 것은

사람은 누구나 혼자서 잘 되는 예는 없다. 훌륭한 인격을 가진 사람도, 사회적으로 크게 성공한 사람도, 정치적으로 성공한 사람도, 경제적으로 성공한 사람도, 학문적으로 성공한 사람도 그렇게 되기까지에는 학문적, 인격적, 경제적으로 도움을 준 사람이 있기 마련이다.

독불장군이 없다는 말은 이를 두고 하는 말이다.

아무리 잘나고 뛰어난 사람도 가르침을 받지 않고는 존재할 수 없는 것이다. 그런데 이런 인간관계의 법칙을 잘 알고도 졸업만

하면 곧 잊어버린다. 그리고 스승이란 학문적인 가르침을 준 사람이라고만 여기는 듯하다.

하지만 머나먼 인생의 바다를 항해하려면 인생의 소중한 가르침이 필요하다. 인생을 앞서 살아가는 사람들은 '경험'이란 '인생 수업'을 통해 삶의 이치를 잘 아는 사람들이다. 인생의 선배들은 내 인생의 역할 모델이 되고, 그들의 경험은 내가 어떻게 살아야 하는지를 가늠하게 하는 척도가 된다.

그런데 유감스럽게도 20대를 지나고 30대를 지날수록 이런 생각에서 벗어나게 된다. 자신이 가는 길이 순탄하면 그 모든 것이 자신이 똑똑하고 잘나서라고 생각하게 되는 것이다. 참으로 오만하고 당돌한 생각이 아닐 수 없다.

하지만 이런 사람도 인생의 바다에서 거친 풍랑에 휘둘리게 되면 누군가에게 의지하려는 마음이 된다. 나는 지금껏 살아오는 동안 이런 경우를 무수히 목격했다. 그렇게도 자신만만하게 굴던 사람도 인생의 시련 앞에는 무릎을 꿇지 않을 수 없다. 따라서 나이를 먹어갈수록 인생이란 바다를 잘 헤치고 갈 수 있도록 삶의 혜안을 주는 인생의 스승이 필요하다.

언젠가부터 우리 사회에 멘토Mentor라는 말이 급격히 퍼지기 시작했다. 멘토는 인생의 스승, 지도자, 조력자 등 여러 가지 의미가 있다. 멘토라는 말이 급격히 퍼지게 된 것은 멘토의 역할이 그만큼 중요하다는 것을 의미한다.

현대사회는 급물살처럼 빠르게 변화하고 빠르게 지나간다. 이런 변화의 물결 속에서 지혜롭게 살아가기 위해서는 자신보다 먼저 삶을 경험한 사람의 소중한 경험을 배울 필요가 있다. 그 경험이야말로 확실한 삶의 표본이며 증표이기 때문이다.

멘토란 바로 삶의 소중한 경험을 축적한 지혜로운 사람이다. 그러기에 멘토는 매우 중요하고 필요한 사람인 것이다.

멘토와 그 역할(멘토링)에 대해 리더십의 전문가이자 목사인 존 맥스웰은 다음과 같이 말했다.

"멘토란 삶의 지혜를 가르치고 이끌어주는 자이며, 멘토링이란 한 사람이 지닌 지혜를 그에게 있는 신용, 경험, 시간과 인간관계를 통해 다른 사람에게 의도적으로 전달하는 과정이다."

즉, 멘토링이란 멘토와 멘티 사이에 이루어지는 우호적인 인간적 가르침의 관계성을 말한다.

훌륭한 멘토는 자신의 지혜와 경험을 제공함으로써 멘티가 성공적인 삶을 이루는 데 결정적인 역할을 한다. 한 사람의 훌륭한 지혜와 경험은 돈으로는 살 수 없을 만큼 가치를 지닌 '인생의 보석'이다.

40대가 50대의 삶을 원활하게 살고 싶다면 자신에게 멘토링을 해 줄 수 있는 인생의 스승을 모셔야 한다. 그리고 자신에게 일어나는 일마다 스스로 느끼는 부족함에 관해 물어보고 배우면서 자신의 가치를 키워나갈 때 남보다 나은 50대를 맞이할 수 있다.

우리의 경우도 그렇고 세계사적으로 볼 때 삶을 성공적으로 살았던 인생에는 그들이 성공적인 삶을 이루는 데 있어 절대적인 조언을 아끼지 않은 멘토가 있었다는 것을 알 수 있다.

플라톤은 소크라테스의 가르침을 받은 끝에 그에 버금가는 철학자가 되었고, 세종은 스승 이수의 가르침으로 우리나라 역사상 가장 훌륭한 성군으로 추앙받고 있질 않은가.

맹자 또한 공자의 손자로부터 공자의 사상을 배움으로써 그에 버금가는 사상가가 될 수 있었던 것이다.

내가 이처럼 멘토의 중요성에 대해 역설하는 것은 나이가 들수록 인생의 깊은 경륜에서 우러나는 지혜가 절대적으로 필요하다는 것을 실감했기 때문이나. 사회적 경험이란 것은 학문적인 것과 달라 실생활에 곧바로 적용되는 실용성을 갖고 있다. 다시 말해 경험을 통해 얻은 배움은 생생하게 살아있는 '인생의 바이블'이라고 할 수 있다.

오늘날 우리나라가 G20의 의장국이 되고, 경제적 부흥을 일으키는 데 있어 견인차가 되었던 정주영은 배움의 가치를 매우 소중하게 생각했다. 그는 일찍이 배움의 중요성을 역설하였다.

그가 즐겨 쓰던 말 중 하나가 불치하문不恥下問이다. 이는 "자신보다 나이가 어리고 경험이 부족하고 배움이 짧아도 배울 가치가 있다면 그로부터 가르침을 배워야 한다."라는 뜻이다.

정주영은 초등학교가 최종학력이지만 많은 독서를 통해 정규 교육에서 배우지 못한 지식을 길렀고, 자신의 소신대로 배우고자 하는 것은 그것이 무엇이든 다 배웠다.

정주영이 쌀 배달을 하며 알게 된 오윤근이란 사람이 있었다. 그는 정주영의 사람됨을 간파하고 인생의 스승으로 물질적 후원자로 그에게 많은 도움을 주었다. 특히 가치 있게 살아가는 삶의 가르침은 훗날 정주영이 편법을 모르는 정직한 경영인으로 성공하는 데 큰 도움을 주었다.

정주영이 가진 경륜과 삶의 지식이 수십 또는 수백 명의 박사를 모아놓은 것보다도 더 풍부하다는 것은 이미 잘 알려진 사실이다. 초등학교 학력이 전부인 그가 이처럼 될 수 있었던 것은 훌륭한 삶의 철학과 인격을 지닌 이들로부터 좋은 가르침을 배우고 경험했기 때문이다.

나에게도 소중한 삶의 스승이 있다. 나는 그에게 학문을 배우진 않았지만 작가로서, 시인으로서 살아가는 데 필요한 마음가짐과 몸가짐을 배웠다. 내가 패거리 근성으로 똘똘 뭉쳐진 문단에서 흔들리지 않고 내 소신대로 나아갈 수 있는 것도 그분을 보고 배운 작가 정신에 의해서다.

나는 힘들고 어려울 때마다 그분의 가르침을 떠올리며 흔들리는 나를 곧추세우곤 한다.

나에게는 자신의 고민에 대해, 자신이 하는 일에 대해 조언을 구하는 독자들이 있다. 내가 쓴 책을 보고 용기를 내서 전화했다며 시간을 내 줄 수 있느냐고 물어온다. 나는 흔쾌히 그들의 이야기에 귀를 기울이곤 한다. 나는 그들의 얘기를 듣고 내가 경험한 것들은 물론 내가 들은 이야기며 내가 읽은 책이며 그들의 답답한 마음을 풀어줄 수 있는 것이라면 상황에 맞게 무엇이든 다 말해준다.

얘기를 끝내고 나면 그들은 아주 많이 만족해하며 감사한다는 말을 몇 번이고 잊지 않는다. 나 또한 내 진심이 통했다는 것만으로도 매우 흡족한 마음이 든다.

누군가에게 작은 도움이라도 된다면 그것은 매우 감사하고 고마운 일이다. 그래서 나는 나의 경험을 젊은이들이나 혹은 누군가에게 들려줄 수 있다는 것에 대해 나 자신에게 감사하다.

살다 보면 누군가에게 조언을 구하는 일이 종종 생기게 된다. 자신 스스로 판단하기 힘든 일이나 결정하기 어려운 일을 누군가의 도움으로 해결했을 때 그 감사한 마음은 겪어보지 않으면 모른다.

지금 하던 일을 잠시 멈추고 한 번 곰곰이 생각해보라.

자신 곁에 언제든지 달려가 조언을 구할 수 있는 인생의 스승이 있는가를. 만일 있다면 다행스러운 일이나 그렇지 않다면 자신에게 가르침을 줄 인생의 스승을 모셔야 한다.

40대는 인생이란 바다를 항해하는 항로 중 가장 풍랑이 심한 시기이다. 가정에서나 직장에서나 사회적으로나 인생의 무게 중심이 한가운데에 있기 때문이다. 자칫 잘못하다가는 항로를 이탈할 수도 있고, 시련이란 암초에 걸려 좌초될 수도 있다. 그와 같은 참담한 일을 겪지 않기 위해서는 반드시 인생의 조언자를 곁에 모셔라.

단 한 가지 명심해야 할 게 있다.

좋은 스승을 모시기 위해서는 진실해야 한다. 그 어떤 스승도 진실하지 않은 사람에게는 가르침을 주지 않는 법이니까.

원칙이 있는 삶이 아름답다

어떤 일을 할 때도 그렇고 인생을 가치 있게 사는 데 원칙은 꼭 필요하다. 원칙이란 자신이 하는 일이 잘못되지 않도록 중심을 잡아주는 삶의 방향키이다. 그런데 원칙 없이 사는 사람들이 의외로 많다는 것에 놀라지 않을 수 없다.

되는대로 사는 삶이란 아주 자연스러운 것 같지만, 개혁적이고 혁신적인 삶을 살아가는 데는 그다지 도움이 되지 않는다. 되는대로의 삶이란 자신을 나태하게 하고, 수동적인 마인드를 갖게 하기 때문이다. 이런 자세로는 남들과 차별화된 삶을 살아갈 수 없다.

남보다 나은 인생을 살아가기 위해서는 남이 하는 것 이상의 내가 되어야 한다. 개혁적이고 혁신적인 나로 살아가는 데 필요한 것이 자신만의 '원칙'을 세우는 일이다.

이에 대해 "원칙을 꼭 세워야 할 필요가 있을까. 마음이 시키는 대로 살면 그만 아닌가."라고 말하는 이들도 있을 것이다. 물론 그럴 수도 있다. 하지만 원칙이 있다면 더욱더 확실하고 체계적으로 자신이 하는 일을 해나갈 수 있다.

원칙의 대명사 하면 제갈공명을 들 수 있다. 제갈공명은 모든 일에 있어 원칙에 근거해 공사를 구분하였다. 그는 인정을 베풀 땐 확실하게 인정을 베풀고, 잘못한 일에 대해서는 그가 누구든 원칙과 군율에 따라 엄정하게 처리하였다. 그가 그처럼 철저하게 원칙을 지킨 것은 원칙을 지키지 않으면 군을 통솔하지 못할 뿐만 아니라, 강건한 국가를 세우는 데 있어 무리가 따르는 것을 잘 알았기 때문이다.

제갈공명의 엄정한 원칙에 관한 이야기이다.

위나라와의 전쟁이 한창일 때이다. 선봉장을 맡은 마속이라는 젊은 장수가 있었다. 그런데 마속은 제갈공명이 세운 전략을 무시하고 자기 멋대로 전쟁을 하는 바람에 크게 패하고 말았다. 제갈공명은 마속이 괘씸하기 짝이 없었다. 군사軍師인 자신의 명령을 어겼다는 것은 항명과도 같은 것이기 때문이다.

"너는 어쩌자고 내 명령을 어긴 것이냐?"

제갈공명은 낮고 준엄한 목소리로 말했다.

"죄송합니다. 저의 무례를 용서치 마시옵소서."

마속은 납작 엎드려 대죄를 청했다. 전쟁에서 패한 장수는 유구무언이다. 오직 윗사람의 처분만 기다릴 뿐이다.

"네 죄를 분명 네가 알렷다!"

제갈공명은 다시 한번 물었다.

"네. 그러하옵니다."

마속은 고개를 숙인 채 말했다.

"좋다. 내가 어떤 형벌을 내리더라도 나를 원망하지 마라."

"네, 군사 어른."

마속은 끝까지 자신의 잘못을 시인하였다.

제갈공명은 자신이 너무도 아끼는 참모였지만, 일벌백계하는 심정으로 그를 참하라는 명령을 내렸다. 순간 마속의 목이 날아갔다. 마속의 죽음 앞에 마음이 쓰리고 아팠지만, 공명정대한 군율을 위해 마속의 목을 베고 만 것이다.

제갈공명은 그 누구라도 잘못을 하면 엄한 벌을 받는다는 사실을 널리 알림으로써 실수를 줄이고 끝까지 최선을 다하는 마음을 심어주고자 함이었다. 이를 잘 아는 장졸들은 제갈공명의 추상같은 엄격함에 자신을 게을리하는 일이 없었고, 자기가 맡은 일에 책임을 다하는 자세를 갖추었다.

제갈공명은 철저한 신상필벌信賞必罰 주의를 지킨 것으로도 유명하다. 잘하면 상을 주고, 잘못을 하면 그가 누구든 엄정하게 처리했다.

제갈공명이 유비의 책사로 촉나라의 부흥을 크게 떨칠 수 있었던 것은 철저히 원칙을 지킨 결과였다.

문재인 대통령 또한 철저한 원칙주의자로 자신이 세운 원칙을 한 치의 빈틈없이 실행에 옮겼다. 지키지 않는 원칙은 원칙이 아니라는 걸 잘 알았기 때문이다. 문재인 대통령이 지금껏 살아오면서 지켜온 그만의 원칙을 살펴보는 것도 매우 의미 있는 일이 되리라 생각한다.

문재인 대통령은 변호사 시절 노무현 변호사와 함께 일할 때 두 가지 원칙을 세웠다. 첫째는 우리 스스로 깨끗하게 하자. 둘째는 시국사건도 변론뿐만 아니라 재판 절차와 형사소송법의 규정을 관철하기 위해 노력하자는 두 가지 원칙이다. 그가 이처럼 원칙을 세운 것은 스스로 깨끗하지 않으면 그 어떤 문제도 제대로 해낼 수 없다는 마음에서고, 재판하는 데 있어 잘못된 관행을 고치고 싶었기 때문이다. 그는 자신이 세운 원칙대로 철저히 실천함으로써 자신이 맡은 변론을 승리로 이끌었다.

문재인 대통령이 청와대 민정수석으로 있을 때 일이다. 그는 권력기관 개혁을 위한 의지가 확고한 노무현 대통령의 의지를 받들어 최선을 다했다. 국세청의 보복성 세무조사와 표적성 세무조사를 통해 권력을 유지하는 수단으로 삼지 않는 것을 원칙으로 세우고 이를 철저하게 실천하였다.

또한 사회적 갈등 문제에 많은 관심을 기울였다. 환경문제, 방폐장 문제 등을 해결하기 위해 직접 현장을 찾아가 눈으로 보고 확인했다. 그래서 문제로 지적이 되면 해결하기 위해 노력했다. 노력하는 과정에서 정부의 잘못이 드러나면 사과를 통해 동의를 받아내기도 했다.

문재인 대통령은 정부의 방침을 무조건 따라야 한다는 강압적인 태도를 아주 싫어했다. 그것은 국민들의 가슴에 상처를 남기는 일로 생각했다. 힘들어도 찾아가 설득하고, 안 되면 될 때까지 설득해야 문제가 없다고 생각한 것이다. 이는 그가 민정수석으로서 세운 원칙이었다.

그는 대통령 비서실장 취임사에서 다음과 같이 말했다.

"여러분, 첫째는 참여정부의 성공에 대한 확신과 자부심을 가집시다. 둘째는 대통령 임기가 끝날 때까지 헛되이 하는 날은 없어야 합니다. 셋째는 끝까지 도덕성을 지킵시다."

그는 비서실장으로서 이 세 가지 원칙을 세우고 끝까지 최선을 다하자고 직원들을 독려하였다. 그리고 일을 하면서 함께 의논해서 결정하지 않아도 되는 일은 각 수석에게 맡겼다. 또 중요한 일들은 수석뿐만 아니라 관련 비서관들을 함께 불러 의견을 듣고 의

논하는 과정에서 결론을 내렸다. 이 또한 그의 원칙이었다.

문재인 대통령은 휴일에는 직접 자신의 차를 운전했으며, 식당에 갈 때도 시민들과 동등한 입장에서 음식을 주문하고 식사를 했다. 또한 산행을 할 때도 수행원 없이 늘 자유롭게 즐겼으며, 청와대에서 일하는 동안은 학교 동창회에 참석하지 않았다. 조금이라도 생길 수 있는 잡음을 스스로 차단한 것이다. 이 또한 자신에 대해 세운 원칙에 따른 것이다.

그렇다고 해서 문재인 대통령이 냉정하리만치 원칙주의자는 아니다. 그는 인권변호사 시절 노사관계 문제 중 해고에 대한 소송을 많이 맡아서 한 것으로 유명하다. 대개가 가난한 노동자들이라 수임료도 제대로 받지 않음은 물론 때에 따라서는 무료로까지 하다 보니 맡은 수임 건수보다 수임료는 턱없이 적었다. 그래도 그는 그 일을 기꺼이 했으며, 한 건이라도 승소를 이끌어내기 위해 그 바쁜 와중에도 소송 기록을 빠짐없이 읽었다. 이는 일에 대한 그의 원칙에 따른 것이다. 한마디로 그는 사랑과 배려를 품은 따뜻한 원칙주의자이다.

이를 보면 문재인 대통령의 성품을 알 수 있다. 민정수석과 비서실장이라는 막강한 권력의 중심에 있었으면서도 자신을 과시하지 않고, 겸허하게 행동한 것만 보더라도 그의 인격을 잘 알 수 있다.

이런 성품은 그 자신을 철저한 원칙주의자로 만들었으며, 그로 인해 참여정부 시절 청와대에서 4년 동안 일하면서도 단 한 번도 구설에 오른 적이 없다. 그만큼 그는 철저하리만치 깨끗한 원칙주의자였다.

지금은 대한민국 대통령으로서 자신만의 원칙을 세우고 혼신의 힘을 기울여 국정에 임하고 있다.

사람은 누구나 자신만의 원칙을 세우고, 원칙에 따라 실천해야 한다. 그래야 자신의 삶을 더욱 잘 살아가는 데 도움이 되기 때문이다. 이에 대해 투자의 귀재이자 버크셔 해서웨이 회장인 워런 버핏은 이렇게 말했다.

"남들과 다른 자신만의 원칙을 세워라."

그렇다면 원칙을 지키기 위해서는 어떻게 해야 할까.

첫째, 반드시 지킬 수 있는 원칙을 세워 실천하라. 실천하지 못하는 원칙은 세우지 아니함만 못하다. 둘째, 어떤 경우에도 원칙을 깨는 일은 없어야 한다. 그것은 스스로 믿음을 저버리는 행위이다. 셋째, 원칙을 잘 지켜 행하면 인간관계에 있어 믿음과 신뢰를 줌으로써 소통하는 데 큰 도움이 된다.

원칙은 지켜질 때 원칙으로서 가치를 지니게 된다. 문재인 대통령은 자신만의 원칙을 세워 가난하고 힘없는 약자를 위해, 정의를 위해 살아왔다. 그리고 지금은 대통령으로서 자신만의 원칙에 따라 국정을 운영하기 위해 노력을 다하고 있다. 그로 인해 청와대 분위기가 완전히 달라졌다. 새롭고 신선하게 탈바꿈하였다. 이 모두는 그의 원칙에 따른 변화이다.

자신의 삶을 성공적으로 살기 위해서는 자신만의 원칙을 세우고 반드시 원칙을 실행해야 한다. 원칙은 삶의 빛과 같다.

나이가 들면 무엇이든 대충하려는 마음이 된다. 온몸의 세포가 노화되므로 기동성이 떨어지고 근력이 달리기 때문이다. 자각 능력이 떨어지고 판단력이 흐려진다. 그러다 보니 잘하던 사람들도 대충하려고 하는 타성에 젖게 된다. 이는 매우 잘못된 생각이 아닐 수 없다.

나 역시 40대와 비교해 몸이 둔화한다는 기분을 느끼곤 한다. 그러다 보니 자신에게 엄정하게 대하던 나의 원칙이 느슨해짐을 느끼곤 '이러면 안 되지.'라고 생각하며 몸과 마음을 곧추세우곤 한다.

나이가 들면 뇌의 작용이 떨어진다. 그러다 보니 뇌의 명령으로 움직이는 육체적 기능이 약해질 수밖에 없는 것이다.

그러기에 나이가 들어갈수록 더욱 원칙을 지켜야 한다. 그렇지 않으면 이제껏 잘 지내왔던 삶이 와르르 무너져 내릴 수 있다.

원칙이란 나이가 들수록 더욱 필요한 것이다.

혹여, 원칙이 없다면 40대에 맞는 자기만의 원칙을 정해야 한다. 원칙이 있는 삶이 아름답고 후회가 적은 법이기 때문이다.

최고의 자산, 건강

자신의 목숨을 100억과 바꾸자고 누군가가 제의한다면 과연 응할 사람이 얼마나 될까. 모르긴 몰라도 한 명도 없을 것이다. 아무리 돈이 필요하다고 해서 자신의 하나뿐인 목숨과 바꿀 수는 없다. 자신이 사라지고 나서 금고에 돈이 가득한들 무슨 소용이 있을까. 혹여 제의에 응하는 사람이 있다면 그건 필시 정신이상자일 것이다. 그렇지 않고서는 미친 짓을 할 수 없다.

돈보다 더 중요한 것은 사랑이고 사랑보다 더 중요한 것은 자기 자신이다. 몸이 약해 골골하며 약을 달고 사는 것과 돈은 없지만 건강하고 쌩쌩하게 사는 것은 삶의 차원이 다르다.

아무리 돈이 많아도 골골하면 의욕이 사라져 버린다. 의욕이 사라져 버리면 무엇인가를 하고자 하는 마음도 사라지게 된다. 또한 몸이 골골한데 열정적이고 낭만적인 사랑을 할 수 있을까. 어림없는 소리다. 사랑도 몸이 건강해야 하는 것이다.

그러나 돈은 좀 없더라도 몸이 건강하면 무엇을 이루려는 열정으로 끓어오른다. 사랑 또한 열정적으로 하게 되므로 삶의 희열을 느끼게 되고 삶을 더욱 즐기며 살기를 꿈꾼다.

건강은 최고의 자산이다.

돈으로는 환산할 수 없는 최고의 자산 가치를 지닌 게 건강인 것이다.

내가 아는 이 중에 매우 열정적으로 사는 P가 있다. 그는 건강하게 사는 것을 자신의 '라이프 프로젝트' 중 제1순위로 여긴다.

"전 제 인생의 계획 중 건강을 최고로 칩니다."

"그럼. 뭐니 뭐니 해도 건강이 최고지."

언젠가 그와 한 말이다.

P는 건강을 최고로 생각하는 사람이다. 그는 일 년 삼백 예순닷새 중 하루도 운동을 거르는 일이 없다. 비가 오나 눈이 오나 바람이 부나 한시도 쉬지 않는다.

P가 그처럼 건강을 챙기는 것은 건강을 잃어 봤기 때문이다.

그는 작은 사업을 하는데 일이 잘 안 풀려 너무 신경을 쓰는 바람에 많은 스트레스를 받았다. 그러자 그는 날마다 술을 마셨고 몸을 혹사했다. 아무리 헤라클레스라 해도 술을 이길 장사는 없다. 스트레스와 술은 건강을 야금야금 갉아먹는 좀과 같기 때문이다. 그런데다 줄담배까지 했으니 오죽했으랴. 바위처럼 탄탄했던 그의 몸은 점점 시들해져서 마침내 그는 협심증까지 앓게 되었다. 그러나 한없이 미련한 존재 또한 인간이 아니던가. 그는 현실의 고통을 잊기 위해 의사의 경고에도 아랑곳하지 않고 자기 몸을 혹사했다. 그러던 어느 날 올 것이 오고 말았다. 그가 쓰러진 것이다.

그로 인해 1년 넘게 고생을 한 끝에 가까스로 죽음의 공포에서 벗어날 수 있었다. 그 일이 있고 난 뒤 그가 달라지기 시작했다.

아침 일찍 일어나 집에서 10여 분 거리에 있는 강변으로 가서 달리기를 시작했다. 그리고 저녁에는 헬스클럽에 가서 1시간 이상 운동을 했다. 하루도 거르지 않았다. 게다가 술도 대폭 줄이고 담배는 끊었다. 그리고 그가 선택한 또 한 가지는 사업의 규모를 줄인 것이다. 그러자 그의 몸은 탄력을 되찾기 시작했고, 지금은 강철같은 몸을 갖게 되었다. 그의 나이 56세지만 20대와 같은 체력을 유지하며 즐겁게 생활하고 있다.

"돈, 많으면 좋지요. 그러나 돈 버는 일이 그리 쉬운가요. 내가 건강을 잃고 죽을 고비를 맞고 보니, 돈이란 돈이 나를 따라오는 것이지 내가 따라가는 것이 아니라는 생각이 확연히 들더군요. 그리고 건강한 사람들을 보면 그렇게 부러울 수가 없었어요. 내게도 저런 시절이 있었는데 하며 후회막급이더라고요. 돈 그거 인생의 전부가 아닙니다. 하루를 살아도 건강하게 살면 그게 행복입니다. 그리고 어지간한 일엔 걱정을 안 하는 것이 좋습니다. 걱정은 우리의 몸과 마음을 파괴하는 요괴이니까요. 그때 생각만 하면 지금도 가슴이 미어집니다."

그는 만나는 사람마다 이렇게 말하며 환히 웃는다.

"요즘은 잘 먹어서 그런지 성인병 환자가 참 많습니다. 병원을 찾는 20~30대들을 보면 그걸 확연히 알 수 있습니다. 그 원인은 잘 먹는 데 비해 운동을 잘하지 않다 보니 몸에 지방이 쌓이게 되고 노폐물까지 쌓인다는 겁니다. 그리고 40대는 특히 더 조심해야 합니다. 40대들은 겉은 멀쩡해 보여도 속은 엉망입니다. 고혈압은 물론 지방간에다, 당뇨에다 한마디로 병을 안고 살지요. 건강히 살려면 적당히 먹고 운동을 하는 것밖에 없습니다. 그리고 또 한 가지는 될 수 있는 한 스트레스를 받지 않는 것입니다."

나와 가깝게 지내는 의사 K의 말이다.

너무 잘 먹어서 또는 너무 스트레스를 받아서 병이 많은 게 현대인들의 삶의 특징이라고 할 수 있다.

"우리는 마음으로만이 아니라 심장과 폐와 내장으로도 걱정을 한다. 그러므로 걱정과 근심은 원인이 무엇이든 간에 그 영향은 세포와 조직과 신체의 각 기관에 나타나는 것이다. 건강하게 살고 싶다면 걱정과 근심을 줄여야 한다."

미국의 저명한 외과 의사인 조지 워싱턴 크라일 박사의 말이다.

탁월한 자기 계발 전문가이자 강연자이며 저술가인 노먼 빈센트 필 박사는 잔걱정을 없애야 한다고 잔걱정의 불필요함을 역설한다. 그리고 잔걱정을 몰아내는 10가지 비법에 대해 다음과 같이 말했다.

첫째, 걱정은 매우 위험한 마음의 습관이다. 나는 어떤 습관도 변화시킬 수 있다고 자신에게 다짐하라.

둘째, 사람들은 걱정을 함으로써 걱정의 노예가 된다. 독실한 신앙의 습관을 들여라. 그렇게 될 때 걱정에서 벗어날 수 있다. 모든 힘과 의지를 다해 신앙의 습관을 실천하라.

셋째, 매일 아침 잠자리에서 일어나 "나는 나를 믿는다."라는 말을 세 번씩 소리 내어 외쳐라.

넷째, 오늘 하루를, 내 생명을, 내가 사랑하는 사람을, 나의 일을 신의 손에 맡겨라. 신의 손엔 악함이 없다. 신의 손엔 선함뿐이다. 어떤 일이 일어난다고 해도 무엇이 되더라도, 내가 신의 손안에 있다면 그 무엇도 두려워하지 마라.

다섯째, 소극적으로 말하지 말고 적극적으로 말하라. 항상 적극적인 행동과 긍정적인 말만 하라. 그 어떤 일도 적극적으로 행하라. "오늘 재수 없는 날이 될 것 같다."는 말 대신 "오늘은 즐거운 날이 될 것이다."라고 말하라.

여섯째, 대충대충 말하고 일하지 마라. 비판적인 말이나 행동을 하지 마라. 압박감을 주는 분위기를 조성하지 말고 희망과 행복을 느끼도록 말하고 행동하라.

일곱째, 걱정이 많은 사람 마음엔 우울함, 패배감, 부정적인 생각으로 꽉 차 있음을 알 수 있다. 이것을 마음으로부터 몰아내고, 행복하고 희망적이면서 긍정적인 생각으로 가득 채워라.

여덟째, 희망으로 가득 찬 사람과 교류하라. 창조적이고 낙관적인 사람과 소통하라. 긍정적이고 능동적으로 행동하라. 그리고 그런 사람을 자신의 주변에 배치하라.

아홉째, 걱정으로 힘들어하는 사람을 도와주라. 남을 도와줌으로써 그 걱정에서 해방될 수 있음을 믿어라. 남을 도와주다 보면 자신의 마음에도 용기와 희망이 싹트는 것이다.

열 번째, 매일 자신이 예수 그리스도의 협력자가 되어 살아간다고 생각하라. 그리고 예수께서 자신의 곁에 함께 한다고 믿어라. 모든 것은 믿는 대로 됨을 믿어라.

나 역시 50대에도 그렇고, 60대에 막 들어선 지금 확연히 달라지는 몸의 변화를 실감하고 있다. 40대에 비해 다른 게 있다면 같은 양의 잠을 자도 더 피로하고, 같은 양의 시간 동안 일하는 능률도 떨어진다. 순발력도 떨어지고, 기억력도 감퇴되고, 움직이는 것이 귀찮아지다 보니 움직이는 양도 줄어든다.

그러다 보니 조금 과하게 일을 하거나 움직이면 쉬 피로함을 느낀다. 그래서 내 나름대로 하는 운동이 조깅을 겸한 산책이다. 저녁을 먹고 나서 50분 동안 걷는다. 걷고 나면 몸이 가벼워지는 걸 바로 느낀다.

그런데 어쩌다 하루 이틀 거르게 되면 여지없이 몸이 반응을 보인다. 몸이 무겁고 가슴이 답답해진다. 그런 까닭에 나는 걷는 것만이 가장 좋은 방법이라고 믿고 걷고 또 걷는다. 그리고 웬만한 걱정으로부터 벗어나려고 한다. 걱정이 하등의 도움이 되지 않는다는 걸 너무도 잘 알기 때문이다.

생각해 보라. 이 세상 그 누가 걱정함으로써 자신의 키를 단 1cm라도 키울 수 있을까. 또한, 그 누가 걱정함으로써 자연의 질서와 법칙을 바꿀 수 있을까. 살아가는 동안 버려야 할 게 있다면 쓸데없는 걱정을 마음으로부터 몰아내는 것이다. 나는 이를 너무도 잘 아는 까닭에 걱정을 안 하려고 하는 것이다.

나는 이렇게 말하고 싶다.

걱정하는 대신 기도를 하라고. 기도는 불안한 마음을 잠재우고 마음의 여유를 찾아주는 비법이다. 기도는 종교인들만의 전유물이 아니다. 기도는 누구나 할 수 있고, 기도함으로써 불안한 마음을 치유할 수 있다.

돈은 필요한 만큼만 있으면 된다. 돈보다 더 중요한 것은 건강이고 행복이다. 돈을 잃으면 조금 잃는 것이고, 명예를 잃는 것은 그보다 조금 더 잃는 것이다. 하지만 건강을 잃으면 모두를 잃는 것이다.

40대는 건강을 잃기 쉬운 시기이다. 건강은 최고의 자산임을 잊지 말고 자신에게 맞게 돈과 시간을 투자하라.

CHAPTER 2

매 순간 감사하는 삶

자신을 멋지게 코디하기

나이가 들어갈수록 더 옷을 잘 갖춰 입어야 하고 형편이 되면 더 좋은 옷으로 입어야 한다. 아무리 잘생긴 남자도 아무리 어여쁜 여자도 나이가 들어 주름살이 지고, 피부가 탄력을 잃게 되면 오래 묵은 사과껍질처럼 거칠게 변한다. 흔히 하는 말로 가는 세월을 이길 사람은 없다. 사람은 누구나 세월 앞에 꼼짝하지 못한다. 세월은 그만큼 힘이 세다.

그런데 무슨 배짱으로 가는 세월 앞에 맞설 수 있단 말인가. 그 어떤 것으로도 세월을 절대 이기지 못한다. 하지만 그럼에도 불구하고 세월의 힘에 눌리지 않고 살 수 있는 방법이 딱 하나 있다. 그것은 자신을 멋지게 가꾸고 사는 것이다. 즉, 나이가 들어갈수록 멋지고 우아하게 살아야 한다는 말이다.

그런데 대개 사람들은 이와 반대이다.

젊었을 땐 멋지게 살고 싶어 화장품도 이것저것 갖춰 놓고, 옷도 잘 갖추어 입던 여자들도 나이가 들면 언제 그랬느냐는 듯이 변하고 만다. 집에서 입던 옷 그대로 동네 슈퍼며 이웃에 있는 마트며 어디든 씩씩하게 종횡무진 누비고 다닌다. 게다가 슬리퍼까지 신고, 화장 안 한 얼굴로 다니는 건 기본이다.

남자들은 어떤가.

남자들은 여자들보다 더하다. 올챙이처럼 툭 튀어나온 배, 까칠까칠한 머리, 덥수룩한 수염과 구레나룻.

특히 내가 꼴불견으로 여기는 것은 덥수룩한 수염에 옆 턱선을 타고 내려온 돼지털 같이 꺼칠꺼칠한 구레나룻이다. 게으르고 더러워 보이기까지 한다. 같은 남자인 내가 봐도 이건 아니다 싶다.

여하튼 다들 거기서 거기다. 정말 놀라울 정도로 비슷비슷하다.

지금은 고인이 되었지만, 항상 흰색만을 고집하며 평생 흰옷만 입었던 앙드레 김. 그는 젊었을 때나 일흔이 지났을 때나 한결같이 변함없는 모습을 보여주었다. 말씨, 몸가짐, 생활 패턴 등은 누구에게나 귀감이 되었다.

그가 개성이 뚜렷한 의상 디자이너이기 때문이 아니라 삶 자체가 그랬다. 절대 흐트러진 모습을 보이지 않았다는 것이다. 그만큼 자신에게 철저했다. 그랬기에 세계적인 디자이너로 이름을 떨칠 수 있었다.

이에 대해 혹자는 이렇게 말할지도 모른다.

"그는 특수한 직업을 가졌으니까 그런 거 아닌가요?"

물론 그렇게 생각할 수도 있다. 하지만 그건 그에 대한 아주 우스꽝스러운 말에 불과할 뿐이다.

생각해보라. 어떻게 평생을 그렇게 할 수 있는지를.

그건 삶 자체가 몸에 배지 않으면 절대로 할 수 없는 일이다. 이를 단적으로 증명하는 것은 그와 비슷한 연배 중 누구도 그와 같이 멋지게 자신을 코디하며 사는 사람을 본 적이 없다는 것이다.

내가 아는 어떤 여성은 자기 관리에 참 철저하다. 보통의 수수한 외모지만 언제나 스스로 관리하여 자신을 돋보이게 하는 재주가 비상하다.

그렇다고 해서 남보다 비싼 옷을 입는 것도 아니고, 더 좋은 화장품을 쓰는 것도 아니다. 그녀는 같은 옷 같은 화장품으로도 자신을 새롭게 보이게 하는 감각이 뛰어나다.

색깔에 대한 감각이 남보다 좋을 수 있지만, 그것보다는 잡지며 신문이며 무엇이든 자신을 세련되게 할 수 있는 정보는 다 수

집한다고 한다. 그녀의 집엔 자신을 아름답게 가꾸는 정보로 가득하다.

몇 벌의 옷으로도 그때그때 변화를 주니 늘 새롭게 보인다. 늘 새로운 변화를 추구하다 보니 아주 감각적이고 세련미 넘치는 여자가 되는 것이다. 예뻐지는 것도 다 노력에 의해서이다.

이번엔 이와 반대되는 경우를 보자.

지인 중 C가 있다. 그는 탤런트 이상으로 외모가 뛰어나다. 내가 그를 처음 본 게 스물다섯 살 때였으니 36년이나 지났다. 그를 처음 보았을 때 백인의 피가 흐르는 혼혈인 줄 알았다. 이목구비가 뚜렷한 데다 무엇보다도 크고 쌍꺼풀진 눈이 매우 매력적이었다. 잘생긴 서양 남자보다도 더 잘생긴 외모였다.

그런데 2년 전, 즉 삼십사 년의 세월이 지나고 그를 만났을 때 나는 깜짝 놀라고 말았다. 예전의 모습은 어디로 가고 배불뚝이에다 얼굴에 주름살이 자글자글했다. 워낙 잘생긴 외모여서 그런지 이목구비 윤곽과 크고 깊은 눈은 여전했지만 가꾸지 않은 그의 모습은 옛날의 그 모습을 완전히 뒤바꾸어 놓았다. 게다가 멜빵바지와 위에 걸친 상의의 색상은 전혀 어울리지 않는 부조화의 극치였다.

그러면서 차는 고급 볼보를 몰았다.

그는 오랜만에 만나 반갑다며 저녁을 사겠다고 했다. 볼일도 마치고 해서 그와 이런저런 얘기를 나누며 즐거운 시간을 보냈다.

"C, 잘생긴 얼굴은 여전하네."

"뭐가. 나도 이젠 다 됐어."

"다 되다니? 그게 무슨 말이야?"

"세월 앞에 나라고 별수 있나. 되는대로 사는 거지 뭐."

"그게 무슨 말이야? 되는대로 살다니."

"모르지?"

"뭘?"

"나 혼자 지낸 지 벌써 7년째야."

"그래? 어째서?"

"집사람이 병으로 갔어."

그는 이렇게 말하며 옅은 한숨을 쉬었다. 그의 얼굴에 살짝 그늘이 짐을 느낄 수 있었다.

"그, 그랬구나. 나는 듣는 게 처음이라 몰랐어."

나는 그의 말을 듣고 그가 사별 후 혼자 지내왔다는 걸 알 수 있었다. 그래서 자신을 가꾸지도 않고 사는구나 생각되었다. 지금은 중고자동차 회사를 운영하고 있으며, 애들도 대학 마치고 둘 다 결혼해서 자기 혼자 지낸다고 했다.

나는 돈도 있겠다, 좋은 사람 있으면 제2의 삶을 살라고 넌지시 말했다. "그러지 않아도 그럴까 생각 중이야. 혼자 사는 거 나도 지쳤어."

그는 내 말에 엷게 웃으며 말했다. 나는 꼭 그렇게 하라고 말하고는 그와 헤어졌다. 그리고 그로부터 1년이 지난 어느 날 그로부터 연락이 왔다. 만나자는 전화였다. 나는 그가 사는 분당으로 갔다. 정확히 1년 2개월 만에 그를 다시 보았다. 그를 보고 나는 깜짝 놀랐다.

이번엔 먼젓번 봤을 때와는 정반대였다. 그는 너무도 변해있었다. 옷도 세련되게 입고 얼굴에도 생기가 돌고 배불뚝이 배도 꺼져 있었다. 젊은 시절 그의 모습이 그대로 되살아나는 느낌이었다.

그리고 나는 그 이유를 알게 되었다. 자신보다 6살이나 연하인 여자와 재혼한 것이다. 재혼 때 애들 가족과 조용히 치러 아무에게도 연락을 하지 않았으니 섭섭해 말라며 너털웃음을 웃었다. 사람이 달라져도 저렇게 달라지는구나 생각하며 기분 좋게 돌아왔다. 돈을 쌓아두고도 초라하게 지내던 그가 재혼을 하고 그렇게 달라질 수 있다는 건 놀라운 변화였다.

이처럼 자신을 가꾼다는 것은 자신에게도 타인에게도 기분 좋은 일이다. 나이가 들수록 더 잘 입고 잘 가꿔야 한다는 것을 그를 보고 또다시 실감할 수 있었다.

여자든 남자든 멋지게 사는 것이 좋다. 나이 드는 것도 서러운 일인데 왜 찌질하게 살아야 한단 말인가.

다음 나의 제안을 보고 따라서 실천해보라. 새롭게 달라지는 자신을 느끼게 되어 좀 더 능동적으로 생활하게 될 것이다.

첫째, 배불뚝이 40대들은 배를 집어넣어라. 둘째, 수염은 말끔히 깎아라. 셋째, 옷은 이것저것 바꿔가며 코디하라. 넷째, 스킨도 로션도 형편이 된다면 좋은 것으로 바르고, 머리는 왁스를 발라 세워라. 다섯째, 구두는 광이 나도록 닦아라. 여섯째, 넥타이는 좀 더 세련된 색깔로 택하라. 일곱째, 집에서도 대충 입지 말고 그 상태로도 가까운 곳은 외출할 수 있을 정도로 입고 있어라. 여덟째, 집에 있어도 맨얼굴을 하지 말고 가벼운 화장이라도 하라. 아홉째, 나이 든 티를 절대 내지 마라. 열 번째, 교양 있게 말하고 교양 있게 행동하라.

자신을 스스로 나이 먹었다고 말하지 말고 생각하지도 말아야 한다. 모든 것은 생각하는 대로 되는 것이다.

세월은 인생을 행복하게 사는 사람에겐 짧지만, 지루하게 사는 사람에겐 한없이 길다.

40대들이여, 젊게 살고 멋지게 자신을 가꾸는 스타일리스트가 돼라.

무형의 주식,
기술

요즘은 정년이라는 말이 무색할 만큼 정년에 대한 개념 자체가 희미해지는 세태다. 40대만 되면 좌불안석에 노심초사하는 직장인들이 많다. 언제 어느 때 옷 벗고 나가라고 할지 모르기 때문이다.

비정규직이 천만 가까이 이른다고 하니 완전 붙박이라는 정규직도 위태위태하다. 지금 우리 사회는 꾸준한 경제 성장에도 불구하고 비정규직이 넘쳐나는 등 근로조건은 매우 열악하다. 그런데다 가면 갈수록 점점 열악해질 거라고 한다. 이런 때 나는 괜찮겠지 하고 가만히 앉아 있다가는 어느 날 책상이 치워지는 쓴맛을 볼지도 모른다.

유비무환이라고 했다. 만약을 위해 미리미리 자신의 앞날을 대비할 필요가 있다. 나는 피해가겠지 하며 넋 놓고 있다 쫓겨난 뒤 "더러운 놈의 세상! 확 뒤집어나 져라!"하고 소리쳐 봐야 돌아오는 것은 소태처럼 쓴 씁쓸함과 허무뿐이다.

직장에 몸담고 있는 동안은 열심히 일해야겠지만 직장을 너무 믿어서는 안 된다. 40대에 들어서면 언제든지 떠날 준비를 해야 하는 게 앞날을 위해 현명한 처세라고 할 수 있다. 그래서 떠날 때를 대비해 자신이 가장 잘 할 수 있는 일에 관한 자격증을 취득하는 것이 좋다. 나아가 자격증은 많으면 많을수록 좋다. 그만큼 일할 기회가 많아지기 때문이다.

1년 전 일이다.

어느 날 후배가 찾아왔다. 그의 모습이 심상치 않아 보였다. 나는 필경 무슨 일이 있구나, 하는 생각이 들었다.

"무슨 일 있는가?"

"저, 그냥 선배님 뵙고 싶어서요."

그는 거짓말하다 들통 난 아이처럼 어색하게 웃으며 말했다.

"그래. 맥주 한잔할까?"

"예, 선배님. 제가 시키겠습니다."

그는 냉장고에 붙여져 있는 광고지를 보고 통닭과 맥주를 시켰다.

그의 얼굴은 불안과 초조함으로 가득 차 있었다. 그는 감추려고 했지만 내 눈을 속일 수는 없었다. 군대도 짬밥이 그냥 짬밥이 아니듯 인생 선배도 그냥 인생 선배가 아닌 것이다. 척 하면 삼천리고, 구하면 구만리다. 인생은 살아온 세월의 깊이만큼 알게 되는 것이다.

잠시 후 배달 온 통닭을 안주 삼아 맥주를 마셨다. 맥주잔이 서너 잔 오가고 나서 그가 속에 품은 말을 쏟아놓았다.

"선배님, 저 실은 회사에서 잘릴 것 같아요."

"그래? 확정적인가?"

"그런 건 아니지만 아무래도 분위기가 심상찮아요. 요즘 회사에서도 집에 와서도 살맛이 안 나요."

이렇게 말하는 후배의 얼굴엔 앞날에 대한 불안한 기색이 역력했다. 그는 동기생들보다도 늘 먼저 승진을 할 정도로 유능했는데 어쩌다 저렇게 되었을까 생각하니 가슴이 먹먹해졌다.

"그래, 자네 마음 이해가 가네. 그런 일이 없으면 좋겠지만 만약을 위해 계획을 세워놓았는가?"

"아니요. 그러니까 답답해 미칠 것만 같아요."

그는 이빨 자국이 날 만큼 입술을 깨물며 말했다. 그만큼 불안했던 것이다.

"그 심정 이해하네. 그렇다면 평소에 마음에 담아 둔, 해보고 싶은 일이 있는가?"

"식당을 한번 해 봤으면 하고 생각했습니다."

"식당도 식당 나름이겠지만 만만치 않네. 주방장을 두고 하는 건 더더구나. 물론 프랜차이즈 같은 건 재료를 회사에서 받으니 조리법을 본인이 직접 배워서 할 수 있지. 하지만 그것도 생각처럼 쉽지 않다고 하더군. 계약조건이 회사 쪽에 유리하게 되어 있어 분쟁이 생기게 되면 회사를 이길 확률이 별로 없다고 하더군. 음식 장사 만만히 보면 안 되네. 10명이 시작하면 살아남는 사람은 2, 3명에 불과하다고 하더구먼."

"네. 저도 어느 정도는 알고 있습니다. 작년에 퇴직한 동기가 있는데 퇴직금하고 아파트 담보 대출받고 그동안 모았던 돈으로 프랜차이즈 식당을 했는데 일 년도 채 안 돼 망했더라고요. 그 얘길 듣고 자신감이 없어지더군요. 부언가 대비하신 해야 뇌는네……."

"저, 자네 말이야, 식당을 하고 싶으면 조리사 자격증을 따게."

"조리사 자격증을요?"

"그래. 주방장을 두면 인건비에다 또 주방장이 말썽이라도 피우면 감당 못 한다고 하네. 그러니 자네가 직접 배워서 하는 거야."

"제가 어떻게……."

후배는 자신 없는 표정을 지었다.

"이 사람아, 그럴 자신도 없으면 아무것도 못해. 남들 다 하는데 자네라고 왜 못해. 조리사 자격증을 따고, 식당을 하든 아니면 프랜차이즈를 하든 하게. 조리에 대한 상식을 익히면 프랜차이즈를 하더라도 자신감이 생길 거야."

"저, 정말 그럴 수 있겠네요. 프랜차이즈를 해 보고 안 되면 작은 식당이라도 하면 밥이야 못 먹겠어요?"

"그래, 바로 그거야. 무턱대고 프랜차이즈를 하기보다는 자격증을 따는 거야."

후배는 내 말에 크게 자신감을 얻었다. 그의 표정이 올 때와는 너무도 달랐다. 사람이란 걱정을 덜면 표정부터 달라지는 법이다. 나 또한 자신감을 보이는 그를 보자 내심 걱정스러웠던 마음이 풀림을 느낄 수 있었다.

후배는 숙고한 끝에 자신의 아내와 같이 요리학원에 등록했다. 그는 회사가 끝나면 곧바로 학원으로 달려가 주경야독에 심취하였다. 그처럼 노력한 끝에 마침내 조리사 자격증을 손에 쥐었다. 그리고는 토요일과 휴일 틈틈이 식당에 가서 일을 배웠다.

자격증을 손에 쥐고 난 후 그의 자신감은 실로 커졌다. 앞날에 대한 두려움이 사라진 것이다. 자격증이 없을 때와 손에 쥐었을 때의 차이는 실로 컸다. 그리고 천만다행인 것은 후배는 잘리지 않고 1년이 지난 지금까지도 회사를 잘 다니고 있다.

걱정 없이 살아야 잘 사는 것이다. 금고에 돈을 산더미처럼 쌓아두고 걱정하며 살면 그것은 잘 사는 것이 아니다. 그저 남들 눈에만 잘 사는 것처럼 보일 뿐이다.

돈이 유형의 자산이라면 기술이나 자격증은 '무형의 주식'인 것이다.

일인일기一人一技라는 말이 있듯, 40대라면 무형의 주식인 한 가지 기술은 꼭 배워야 한다. 지금은 안전지대에 있다고 절대 안심하지 말아야 한다.

우리나라에 이제는 평생직장이란 없다. 언제 어느 때 옷을 벗기고 쫓아 버릴지 모른다. 그러니까 언제든지 옷 벗고 나올 준비를 하라는 것이다.

내가 이처럼 강력하게 유비무환을 강조하는 건 나 또한 대한민국 사회에서 10년 동안이나 직장 생활을 해봤기 때문이다. 나는 감사하게도 부모님께 물려받은 글쓰기 재능이 있어 배짱 좋게 사표를 던져버리고 내 발로 걸어 나왔지만, 어딘가에 속해 있다 나온다는 것이 끈 떨어진 연처럼 위태위태한 건 사실이다.

경험은 가장 훌륭한 스승이다. 나는 돈은 믿지 않지만, 진정한 경험은 쌍수를 들고 믿는다.

"인간의 정신은 교육과 훈련에 빠르게 반응한다. 그 정신으로 하여금 당신이 원하는 어떤 것이든 당신에게 돌려주도록 만들라."

탁월한 자기 계발 권위자인 노먼 빈센트 필 박사의 말이다. 그의 말처럼 인간은 그 어떤 배움도 받아들일 수 있는 지구상 유일한 창조물이다.

“다른 사람들이 당신에게 기대하는 것보다 더 높은 기준을 자신에게 부여하라.”

이는 미국의 훌륭한 목사인 헨리 워드 비처의 말로, 사람은 누구나 더 높은 기준을 스스로 부여할 만큼 소중하고 능력 있는 존재라는 의미이다. 노먼 빈센트 필과 헨리 워드 비처의 말처럼 미리미리 배우고, 좌절하지 말고 새롭게 시작할 준비를 해야 한다.

“선배님, 자격증이 있으니까 든든한 보험을 들어 놓은 것 같습니다.”

나를 만날 때마다 후배는 이렇게 말하며 환하게 웃는다.

나는 간절히 바란다. 내 후배가 잘리지 않고 꿋꿋하게 살아남아 당당하게 정년을 맞이하기를.

생각이 새로우면 인생도 꿈도 늘 새롭다

"과거에는 틀림없는 진실이라고 생각했던 것이 지금은 잘못된 것으로 여겨지기도 한다. 지난날 이것만큼은 자신의 확고한 신조라고 여기던 것이 이제는 아닐지도 모른다는 생각이 들 것이다. 그 같은 변화를 자신이 어려서, 깊이가 없어서, 세상을 몰라서라는 이유로 그저 묻어두지 마라. 그 무렵의 당신에게는 그렇게 생각하고 느낄 필요가 있었기 때문이다. 당시의 수준에서는 그것이 진리며, 신조였다. 인간은 늘 껍질을 벗고 새로워진다. 그리고 항상 새로운 삶을 향해 나아간다. 그렇기에 과거에는 필요했던 것이 지금은 필요치 않게 되어버린 것에 불과하다. 그러므로 자신을 비판하는 것, 타인의 비판에 귀기울이는 것은 자신의 껍질을 벗는 것과 다름없다. 한층 새로운 자신이 되기 위한 탈바꿈인 것이다."

독일의 철학자 프리드리히 니체의 말이다.

새로움이란 무엇인가?

사람은 누구나 새로움이라는 명제에 대해 어떻게 생각하고 대처해야 하는지를 생각해 볼 필요가 있다. 더구나 시시각각 변화하는 현대에서 뒤처지지 않고 살아가려면 더더욱 새로움에 대해 생각하고 자신을 그것에 맞출 줄 알아야 한다. 니체는 그러기 위해서는 자신을 스스로 비판하고, 타인의 비판에 귀기울이라고 말한다. 왜냐하면 그것이야말로 자신의 껍질인 묵은 생각을 벗어버리는 것이므로 그렇게 함으로써 새로운 자신이 된다는 것이다.

아주 적절한 지적이 아닐 수 없다.

"늘 보는 눈을 가져라. 보는 눈이 밝지 않고서는 높은 진리를 발견할 수 없다."

이는 동양 명언으로, 늘 보는 눈을 가진다는 것은 새로운 자아를 발견하라는 것이다. 자아가 새롭지 못하면 지금보다 더 나은 세계로 나아갈 수 없다.

눈이 침침하면 찾고자 하는 물건을 곁에 두고도 헤매는 법이다. 마찬가지로 생각이 새롭지 못하면 삶의 진리를 새롭게 깨닫지 못한다. 그러기에 늘 자신의 마음을 살펴보는 눈, 즉 자아를 발견하는 것을 게을리해서는 안 된다.

생각을 새롭게 한다는 것은 깨어있는 의식을 갖는다는 것이다. 의식이 깨어있으면 그 어떤 것도 새롭게 바라보게 되고, 받아들이게 된다. 하지만 생각이 새롭지 못하면 고여 있는 물처럼 삶은 정체되고 급기야는 퇴락한 삶을 살아갈 수밖에 없다. 그런데도 그것을 잘 모르고 살아간다. 그러다 보니 낡은 생각에서 벗어나지 못하고 일이 잘 풀리지 않는 것을 상대방 탓으로 돌린다. 부모 탓, 사회 탓, 남편 탓, 아내 탓, 자식 탓, 직장 상사 탓, 부하 직원 탓, 모든 것을 남의 탓으로 돌리며 불평불만을 일삼는다. 이래서야 어떻게 급물살처럼 변화하는 삶을 좇아갈 수 있을까.

모든 것의 원인은 자신에게 있다. 그런데도 자신의 무능을 감추기 위해 상대방을 탓하고, 사회를 탓할 것인가. 이런 40대라면 하루라도 빨리 자기모순에서 벗어나야 한다. 그러지 않으면 이를 가는 이리와 같이 슬피 울음 우는 결과에 봉착할지도 모른다.

새로운 생각으로 마음의 옷을 갈아입으면 어떤 결과를 맞게 될 것인가에 대해 생각의 주파수를 맞춰보자. 새로운 의식을 갖게 되면 활발한 에너지가 발생한다. 그래서 잠시도 가만히 앉아 있지 못하게 된다. 무언가를 시도해야겠다는 의지가 스파크를 일으키며 강렬한 불꽃을 피워 올린다. 즉 스스로가 견딜 수 없는 마음에 사로잡히게 된다. 그렇게 길을 찾다 보면 새로운 길이 열리게 되는 것이다.

세계적인 아이스크림 배스킨 라빈스의 창업자 어바인 라빈스.

그가 아이스크림의 대명사가 된 것은 1945년 제2차 세계대전이 끝나고 나서였다. 그때 그는 육군에서 막 제대를 했었다. 그 당시 아이스크림만 파는 가게는 그 누구도 상상하지 못했는데, 그는 미국 캘리포니아 글렌데일에서 '스노버드'라는 이름의 아이스크림 가게를 냈다. 라빈스는 매부와 동업을 하며 서른한 가지 맛을 내는 아이스크림 개발에 열정을 쏟아부었다. 그의 피나는 노력은 그가 생각하는 대로 놀라운 결과를 가져다주었다. 그의 톡톡 튀는 새로운 아이디어는 그에게 부와 명성을 안겨 주었던 것이다.

그는 성공을 거두자 미국을 벗어나 전 세계에 자신의 아이스크림 매장을 두겠다는 새로운 생각을 하기에 이른다. 그리고 마침내 자신의 꿈을 심기 시작했다. 그 결과 30여 개 나라에 5,800개가 넘는 매장을 거느린 아이스크림 거부가 되었다.

어바인 라빈스는 훗날 이에 대해 자신은 정신 나간 일을 벌이고 싶었다고 말했다. 이는 남과 똑같이 하지 않고 개성 있게 운영을 하고 싶었다는 말이다. 그는 앞서서 생각하고, 머릿속에 세밀한 그림을 그리고, 그것을 토대로 꾸준히 성공의 의지를 키워 나갔다. 즉 자신의 상상력을 적극적으로 활용했던 것이다.

새로워지려는 생각과 시도는 새로운 일을 해나가는 데 있어 가장 좋은 성공조건이다. 이에 대해 미국의 작가 로버트 클리어는 이렇게 말했다.

"성공을 거둔 세상의 위대한 이들은 자신의 상상력을 활용한다. 그들은 앞서서 생각하고, 머릿속에 세밀한 그림을 그리고, 그것을 토대로 꾸준히 성공을 쌓아나간다."

참으로 적확한 지적이 아닐 수 없다.

내가 아는 어떤 이가 음식점을 개업하였다.

그가 선택한 것은 삼겹살만 파는 식당이었다. 처음 하는 사람이 더 쉽게 접근할 수 있는 체인점이 있었지만, 그는 자신만의 메뉴를 개발하였다. 남과 똑같은 것을 거부한 것이다. 그는 자신만의 비법을 찾기 위해 1년 넘게 삼겹살로 소문난 음식점에 취직하여 하나씩 하나씩 익혀나가면서 성실과 끈기로 자신이 생각했던 것을 체득할 수 있었다. 그리고 그는 집에서 자신만의 양념 개발에 몰입하였다. 수없이 많은 시행착오 끝에 드디어 자신만의 메뉴 개발에 성공했고 대학생들을 상대로 박리다매의 전략을 택했다.

3개월이 지나면서 소문이 나기 시작했다. 가게는 연일 사람들로 들끓었다. 가게를 연 지 1년 만에 자신의 가게 이름을 딴 2호점을 열었다. 그리고 3호점까지 내는 성공적인 결과를 이끌어냈다. 그만의 새로운 생각은 그에게 새로운 길을 활짝 열어주었던 것이다.

"성공한 사람은 더욱더 성공하는 경향이 있다. 항상 성공을 생각하기 때문이다."

이 말을 한 사람은 미국의 비즈니스 컨설턴트이자 성공 전략가인 브라이언 트레이시이다. 그의 말에서 보듯 잘 되는 사람이 더 잘 되는 것은 항상 잘 되기 위한 새로운 생각으로 무장했기 때문임을 알 수 있다.

이어 브라이언 트레이시는 이렇게 말한다.

"발견이란 모두가 보는 것을 보면서 아무도 생각한 바가 없는 것을 생각하는 것이다."

누구나 똑같이 보지만 아무도 생각하지 않는 것을 생각해내는 것이 발견이라는 것이다. 매우 타당한 말이라고 할 수 있는데 이 또한 새로운 것에 관한 생각을 의미한다고 하겠다.

언젠가 텔레비전 프로그램에서 본 구순 할아버지의 말이 생각난다.

"몸이 늙었다고 해서 마음마저 늙은 것은 아니지. 나는 눈을 감을 때까지 언제나 젊게 살 거야. 그게 내가 지금 할 수 있는 일이니까."

그렇다. 나이가 많아진다고 생각이 늙어지는 것은 아니다. 마음이 늙고 생각이 낡으면 그것이야말로 늙는 것이다.

항상 자신을 산뜻하고 새롭게 하라.

새로운 생각이 멋지게 빛나는 새 길을 열어 줄 것이기 때문이다.

고민이라는 병에 갇히지 않기

근심은 만병의 근원이라는 말이 있다. 근심하게 되면 불안한 마음에 사로잡힌다. 불안한 마음은 사람을 위축하게 만들고, 자신감을 빼앗아 버리고 부정적인 사람이 되게 한다.

불안의 노예가 되면 매사를 걱정스럽게 생각한다. 이런 일이 반복되면 소화도 안 되고, 짜증만 내게 되어 가족은 물론 친구, 직장 동료, 주변 사람들을 불편하게 만든다. 그러다 보니 가족에게도 친구에게도 직장 동료에게도 주변 사람들에게도 인심을 잃고 귀찮은 존재로 전락하게 된다. 그래서 결국엔 고민의 우물에서 헤어나지 못하고 마음 병에 걸려 병원을 전전하게 되는 것이다.

고민은 인간을 위협하는 적일 뿐 고민함으로써 그 어떤 것도 해결하지 못한다. 다만 자신을 더욱 불완전한 사람으로 끌고 갈 뿐이다.

어떤 사람이 있었다. 그는 키도 크고 성격 또한 시원시원한 사람이었다.

그의 집은 늘 딸아이가 치는 피아노 소리로 가득 찼고, 웃음이 떠나질 않았다. 그만큼 그의 가정은 평안했으며 행복했다.

그러던 어느 날 비극을 예감하는 일이 벌어지고 말았다. 그가 직장 동료들로부터 오해를 사고 내부 고발자라는 불명예스러운 누명을 쓴 것이다. 같은 과에 있는 직장 동료가 뇌물 수수로 해고를 당했는데, 그 일을 제보한 사람이 바로 그라는 오해였다.

"이봐, 나는 아니야, 나는 아니라고!"

"미친놈! 너는 양심도 줏대도 없는 놈이야. 너 따윈 우리와 함께할 수 없는 쓰레기 같은 존재야. 꺼져, 꺼져버리라고!"

그는 자신은 아니라고 극구 부인했으나 돌아오는 건 심한 모멸감뿐이었다.

그는 모멸감을 안고도 집에 와서는 아무런 내색도 하지 않았다. 속이 상하니까 혼자 술만 마셔댔다. 평소와 다른 그를 보고 아내가 말했다.

"여보, 회사에 무슨 일 있어요?"

"아니."

"그런데 왜 잘 안 하던 술을 마시고 그래요."

"지금 새롭게 진행하는 프로젝트가 잘 안 풀려서 그래."

"그래요. 하지만 너무 마시진 마요."

"그럴게. 걱정하지 마."

그는 아내를 안심시키기 위해 둘러대었다.

아침마다 출근하는 길이 마치 죽으러 가는 것처럼 고통스러웠다. 하지만 그는 자신이 잘못한 게 없으므로 곧 오해가 풀릴 거라 믿으면서 이를 악물고 버텼다.

"참 낯짝도 두껍다. 나 같으면 그만두고 말겠다."

"누가 아니래. 그러니 그런 짓을 하고도 눈 하나 까딱 안 하지."

"그러게 말이야. 완전 철판을 깔았군."

그 일이 있기 전엔 누구보다도 다정다감하던 동료들이었는데 그들로부터 받는 고통은 그를 고민의 깊은 바다로 한없이 끌고 들어갔다. 그러는 동안 보름이 지났지만, 자신의 억울한 누명을 벗기기는커녕 오히려 동료들의 비판과 손가락질은 점점 더 심해져만 갔다.

어느 날 퇴근한 그는 가족들이 깊이 잠든 새벽에 편지를 쓰기 시작했다. 자신의 결백을 밝히는 편지와 아내와 아이들에게 쓰는 편지였다. 직장 동료들과의 아름다웠던 지난날의 추억과 절대로 동료들을 미워하지 않겠다는 내용과 오해가 풀려 자신의 명예가 회복되길 바라는 마음을 담아 썼다. 아내에 대해서는 언제나 사랑했고, 변함없이 사랑한다는 말과 함께 아이들을 잘 부탁한다는 내용을, 그리고 아이들에게는 엄마 말 잘 듣고 씩씩하게 커 달라고 당부하는 내용의 글이었다. 편지를 쓰는 내내 흘러내리는 눈물로 멈췄다가 다시 쓰기를 열 번도 더 했다. 편지를 쓰고 난 그는 아이들 방으로 가서 깊이 잠든 사랑하는 아이들을 눈물 젖은 눈으로 한참이나 바라보았다. 차례로 아이들 볼에 입을 맞추고는 거실로 나와 안방으로 들어갔다. 그리고는 가난했던 자신을 만나 고생만 했던 아내를 바라보았다. 잔주름 하나 없던 고운 얼굴에 잔주름을 보자 "훅!" 하며 눈물이 터져 나왔다.

'여보, 그동안 고마웠어. 당신 만나서 나 얼마나 행복했는지 몰라. 온 세상을 다 가진 듯 너무 행복했어. 그리고 지금에서야 하는 말인데 당신은 내겐 너무 과분한 사람이었어. 그만큼 당신은 내겐 큰 축복이었어. 그런데, 그런데 더는 당신과 함께할 수 없어. 윤애야, 정말 미안해. 그리고 우리 영민이, 수민이 잘 부탁해. 윤애야……, 사랑했어. 그리고 영원히 사랑해…….'

그는 거실로 나와 한참을 흐느껴 울었다. 그러는 동안 날이 밝아오기 시작했다. 그는 머리를 감고 세수를 했다.

"어머, 당신 언제 일어났어?"

"조금 전에."

“그랬어? 조금만 기다려. 얼른 맛있는 밥 해 줄게.”

“그래, 알았어.”

그는 아내를 안아주고는 방으로 들어왔다. 더 있다가는 눈물이 터져 나올 것만 같았다.

잠시 후 그는 아내가 차려준 밥을 먹으며 말했다.

“오늘따라 밥이 더 맛있네.”

“그래? 고마워. 아침부터 칭찬을 다 듣고.”

그의 아내는 이렇게 말하며 그의 숟가락에 생선을 얹어 주었다. 순간 터져 나오려는 눈물 때문에 목이 메었다. 그는 억지로 눈물을 삼키며 밥을 먹었다. 아내가 해준 마지막 밥을 남길 수 없어 그는 밥알 하나 남기지 않고 말끔히 비웠다.

그리고 커피를 한 잔 마시고는 아내를 꼭 안아주었다.

“아이, 숨 막혀. 그만!”

“조금만 더…….”

그는 더 힘껏 아내를 안아주고 나서야 몸을 떼었다.

“여보, 갔다 올게.”

“응. 잘 다녀와. 저녁때 자기 좋아하는 참치회 준비해 놓을게.”

“알았어. 간다!”

“응.”

그는 몇 번이나 뒤돌아보며 아내에게 손을 흔들어 보이고는 아파트를 빠져나갔다.

그리고 이튿날 동해 바닷가 모텔에서 그의 주검과 2통의 편지가 발견되었다. 고민을 견디지 못하고 자신의 목숨을 내던져 버린 것이다. 그의 죽음 앞에 절규하던 그의 아내와 어린 두 아이, 늙은 어머니의 모습은 보는 이로 하여금 깊은 슬픔에 잠기게 했다.

다행히도 그가 죽고 나서 그의 누명은 벗겨졌다. 잘못된 동료들의 오해가 한 가정의 가장을 죽음으로 몰아갔던 것이다.

쓸데없이 남을 오해하는 것은 한 가정을 파괴할 만큼 큰 죄가 아닐 수 없다. 이런 일이 우리 사회에서 심심찮게 일어난다는 것은 성숙하지 못한 의식에서 오는 졸장부 근성으로 인해서이다. 자신의 잘못 없음을 증명하려는 그의 죽음은 가족들에게 평생 씻을 수 없는 아픔을 남기게 되었다. 만일 그가 자신의 고민을 아내에게라도 털어놓았더라면 그와 같은 불행은 일어나지 않았을 것이다.

그는 자기만 홀로 고민을 안고 가는 것이 최선이라고 생각했지만, 그것은 더 큰 상처가 되어 돌아왔을 뿐이다.

고민이 있으면 즉시 풀어 놓아야 한다. 아내란 어떤 존재인가. 기쁨과 슬픔, 고민, 아픔을 함께 하는 인생의 영원한 파트너가 아닌가. 그런데 남자들 중엔 아내를 위해서, 아이들을 위해서라는 명분으로 자신이 모든 걸 떠안으려 하는 무모한 결정을 내리곤 한다. 이는 아주 잘못된 판단이다. 이것은 남자의 자존심도 아니고, 멋도 아니고, 그 무엇도 아니다. 다만 그럴듯한 오기로 가장한 자기모순일 뿐이다.

또 하나의 예를 보기로 하자.

H란 남자가 있다. 그는 작은 사업을 한다. 그는 마흔둘의 명랑쾌활한 사람이다. 그는 매사를 긍정적이고 낙관적으로 생각했다. 그러다 보니 작은 고민도 아내에게 털어놓고 의견을 묻곤 했다. 자기 혼자 고민해봤자 아무 소용없다는 것이 평소 그의 생각이었다.

어느 날 그는 편지 한 통을 받았다. 발신자 주소를 보니 법원이었다. 사업 자금으로 은행에서 돈을 대출받았는데 일이 잘 안 풀려 그만 부도를 내고 만 것이다. 압류하겠다는 통보였다. 그동안 아내에게는 잘될 거라고 말해왔지만 막상 내용물을 보는 순간 그의 표정이 어두워졌다.

하지만 그는 마음을 가다듬고 진정을 했다. 그날 하루는 그렇게 지나갔지만 매도 먼저 맞는 게 낫다는 말이 있듯 그는 그날 맥주를 마시며 아내에게 사실대로 말했다. 그의 말을 듣고 아내는 의외로 담담했다. 그리고 이렇게 말했다.

"아파트 팔고 전세로 가지 뭐."

"그래도 되겠어?"

"그렇게 해야지. 그렇다고 또 돈 빌릴 거야?"

"미안해."

"미안하긴. 당신이 뭐 허튼 일을 한 것도 아닌데 뭐. 힘내. 나 당신을 믿어. 그러니 용기 잃지 마. 알았지?"

그는 아내의 말에 눈물이 나는 걸 가까스로 자제하고 말했다.

"고마워. 끝까지 믿어줘서."

그는 그다음 날 즉시 부동산에 아파트를 내놓고 한 달 후 전세로 옮겼다. 그는 열심히 일했다. 자신을 이해해주는 아내를 위해 최선을 다했다. 그리고 3년 후에는 사업을 확장하고 더 큰 아파트를 사서 이사했다.

그는 자신의 고민을 안고 가지 않고 풀어 놓았다. 그 결과 그는 아내로부터 힘을 얻어 어려움을 이겨내고 더 잘 될 수 있었다.

고민 없이 살아가는 사람은 없다. 그러나 고민을 해결하는 방법은 사람에 따라 각기 차이를 보인다. 어떤 사람은 무조건 술독에 빠지고, 또 어떤 이는 방황을 하고, 또 다른 어떤 이는 자신의 고민을 털어놓음으로써 지혜롭게 고민으로부터 탈출을 꾀한다. 전자의 경우, 만일 자신의 고민을 아내에게 털어놓았더라면 죽지 않고서도 자신의 억울함을 해결하는 방법을 찾았을지도 모른다.

"고민을 잊어라. 고민은 털어놓아라. 고민한다고 해서 이루어지는 어떤 일도 없다."

이는 자기 계발 동기 부여가로 유명한 데일 카네기의 말이다.

그렇다. 참으로 명쾌한 말이 아닐 수 없다.

나 역시 이 말에 전적으로 동의한다. 나는 고민이 생기면 될 수 있는 한 고민거리를 잊으려고 애쓴다. 그리고 현재의 내 힘으로 어쩌지 못하는 것은 체념한다. 그러다 보면 새로운 길이 보인다.

혼자 고민을 안고 가지 말아야 한다. 더군다나 40대는 그 어느 세대보다도 고민이 많은 세대다. 그런데 그 많은 고민을 혼자 안고 간다는 것은 자살행위와 같다.

고민은 털어놓을 때 고민에서 벗어날 수 있음을 명심하라.

삶의 마시멜로, 인연

나이가 들면서 점차 느끼는 것 중 하나가 인연을 소중히 여겨야겠다는 생각이다. 눈 뜨면 매일 만나는 내 주변의 사람들, 그리고 새롭게 만나는 사람들 모두 소중한 사람들이다. 가까이에 있는 사람들과는 더욱 가까이 지내고, 새로운 인연을 맺는 사람들은 놓치지 말고 자신이 가는 길에 동행자로 삼아야 한다.

사람은 꽃보다 아름답고 황금보다도 빛난다. 이처럼 인간 개개인은 아주 소중한 보석과도 같은 존재다. 보석은 사라지면 그만이지만 소중한 인연은 언제나 자신 곁에 머물며 외로울 땐 외로움을 덜어주고, 슬플 땐 위로해주고, 어려운 일에 놓이게 되면 어려움을 함께 나눠준다. 젊었을 땐 인연의 소중함을 알면서도 뼈에 새길 만큼은 알지 못한다. 친구만 있으면 그 시절은 충분하였으므로 그럴 수밖에 없다. 하지만 사회생활을 시작하면서 점차 인연의 소중함에 눈을 뜨게 된다. 그래서 새로운 사람을 만나게 되고, 그 한 사람 한 사람이 자신이 하는 일에 있어 없어서는 안 된다는 것을 알게 된다. 그러나 이것도 어디까지나 일과 관계된 사람들에 한해서다.

나 또한 이런 생각의 범주를 벗어나지 못했음을 밝힌다. 그런데 40대를 지나고 50대를 지나 60대에 이르고 보니, 40대에 인연의 소중함을 더 잘 알았더라면 하는 생각이 간절해진다.

일과 관계되지 않은 다양한 인연은 더욱더 인생을 확장해나가는 데 큰 도움이 된다는 걸 알게 된 것이다. 다시 말해 인연은 '삶의 마시멜로'라는 사실이다.

오래전 호아킴 데 포사다Joachim de Posada의 《마시멜로》가 서점가를 휩쓸며 베스트셀러가 되었다. 나 역시 아주 감명 깊게 읽었었다.

《마시멜로》를 읽고 느낀 것은 인간관계의 소중함이었다.

명품 정장을 멋지게 차려입고 세련된 리무진을 타고 다니는 사장 조너선과 그의 운전기사 찰리. 하루하루를 의미 없이 지내던 운전기사 찰리가 조너선으로부터 삶의 진정성을 배우게 되고, 조너선의 배려로 대학에 입학하고 저축도 하면서 자신의 빛나는 미래를 향해 나아간다.

찰리를 새로운 길로 나아가게 한 조너선은 진정한 인생의 멘토이다. 다시 말해 찰리에게 있어 아주 소중한 인연이었던 것이다.

한 귀족 소년이 방학을 맞아 시골로 놀러 갔다. 소년은 수영을 즐기기 위해 호수에 뛰어들었다. 그러나 발에 쥐가 나는 바람에 위급한 상황에 부닥치게 되었다. 귀족 소년이 살려달라고 소리를 지르자 그 소리를 들은 한 소년이 달려와 망설임 없이 물에 뛰어들어 귀족 소년을 구해주었다. 귀족 소년은 자신의 목숨을 구해준 소년과 친구가 되었다. 방학이 끝나고 귀족 소년은 런던으로 돌아왔지만 두 소년은 편지를 주고받으며 우정을 키워나갔다.

열세 살이 된 시골 소년이 학교를 졸업하자 귀족 소년이 물었다.

"넌 커서 뭐가 되고 싶니?"

"의사가 되고 싶어. 하지만 우리 집은 가난해서 그럴 수 없어. 둘째 형이 안과의사로 있지만 아직은 내 학비를 대줄 형편이 못돼."

귀족 소년은 생명의 은인인 소년을 돕기로 마음먹고 아버지에게 말해 소년을 런던으로 데리고 왔다. 시골 소년은 귀족 소년의 도움으로 런던 의과대학에 다니게 되었고 마침내 의사가 되었다. 그 후 포도상구균이라는 세균을 연구하여 페니실린이라는 기적의 약을 만들어냈다. 당시에는 뇌막염, 폐렴 같은 병을 치료하는 약이 없어 많은 사람이 죽었는데 이 페니실린이 죽어가는 사람들을 살려냈고, 이러한 공로를 인정받아 1945년 노벨의학상을 수상한 그가 바로 알렉산더 플레밍Alexander Fleming이다.

귀족 소년은 육군사관학교를 나와 군인이 된 후 26세 때 국회의원이 되었다. 그런데 그만 전쟁 중 폐렴에 걸려 생명이 위독하였다. 소식을 들은 플레밍은 전쟁터로 달려가서 젊은 정치가를 살려냈다. 이 젊은 정치가는 훗날 영국 총리를 2번이나 역임했고 제2차 세계대전의 영웅으로 회고록 《제2차 세계대전The Second World War》을 써서 노벨문학상까지 받은 윈스턴 처칠Winston Churchill이다.

우리는 여기서 한 가지 놀라운 사실에 주목할 필요가 있다. 그것은 인연이란 소중한 인간관계이다. 처칠이 어째서 쥐가 났으며 마침 그곳에 플레밍이 있었을까 하는 것이다. 그리고 의사가 된 플레밍이 폐렴에 걸린 처칠의 목숨을 구했다는 사실이다.

아무리 극적인 드라마라고 해도 이보다 더 극적일 수 있을까.

처칠과 플레밍은 서로의 인생에 있어 매우 소중한 인연이었던 것이다.

한 가지 극적인 이야기를 더 보기로 하자.

인생의 고통이 너무 커 죽으려고 했던 이가 있었다. 그는 친구에게 사기를 당해 전 재산을 날리고 아내로부터 이혼을 당했다.

하루아침에 그는 빈털터리가 되고 배신까지 당했던 것이다. 그는 자신의 현실을 인정하려고 하지 않았다. 모든 것이 꿈에서 일어난 일 같았다.

그러나 그건 현실이었다. 그를 더욱더 힘들게 하는 것은 가족으로부터 철저하게 외면당하는 고통이었다. 게다가 친구들과 주변 사람들의 비웃음과 따돌림이었다. 누구도 그를 반겨주지 않았다. 믿었던 친구들도 한두 번은 그를 만나 밥도 사고 술도 샀지만 그와의 만남을 극도로 꺼렸다.

어느 날 그는 가장 믿었던 친구에게 전화를 걸었다. 아무리 신호가 가도 그는 받지 않았다.

'바빠서일 거야. 아니면 무슨 사정이라도 있겠지.'

라고 생각하며 전화가 오길 기다려도 친구에게선 아무런 연락이 없었다. 그는 이번엔 친구의 사무실로 전화를 했다. 여직원이 전화를 받았다. 바꿔줄 테니 잠시만 기다리라고 해서 기다리는데 여직원이 이내 하는 말이 친구가 급히 전무실로 갔다는 것이다. 전화를 끊은 그의 얼굴은 일그러졌다. 슬픔의 그림자가 그의 얼굴을 가득 에워쌌다.

'아, 이젠 너마저 나를 외면하는구나. 그래. 그 친구인들 날 만나는 게 반가울 리가 없겠지. 그래, 다 그런 거지. 다 그런 거야…….'

그는 이렇게 생각하며 자신이 자주 가곤 했던 바다로 갔다. 모든 것이 싫었다. 자신도 가족도 친구도 그 무엇도 다 싫었다. 바다에 도착한 그는 포장마차에 들러 술을 마셨다. 술을 마시던 그는 갑자기 큰 소리로 울기 시작했다. 그러자 깜짝 놀란 포장마차 주인은 인상을 잔뜩 찌푸리며 그를 밖으로 내쫓았다.

"원 재수가 없으려니 별 거지 같은 게 다 와서 울고 그래. 에이 재수 없어."

포장마차 주인의 비아냥거림에도 그는 아무런 대꾸도 없이 바닷가를 향해 걸어갔다. 파도가 넘실거리며 긴 혓바닥을 날름거렸다. 소스라칠 만큼 두려웠다. 그렇지만 그는 두 눈을 꽉 감고 바다를 향해 몸을 날렸다. 인명은 재천이라는 말이 있듯 그때 마침 그 광경을 지켜보던 사람이 있었다. 그 남자는 재빠르게 물속으로 뛰어들어 그를 구해냈다. 물 밖으로 이끌려 나온 그를 데리고 남자는 인근 횟집으로 갔다. 남자와 마주 앉은 그는 고개를 푹 떨군 채 눈물만 흘렸다.

"무슨 일인지는 몰라도 하나뿐인 목숨을 함부로 내던져서야 되겠소."

"……."

그는 남자의 말에 아무 대꾸도 없이 눈물만 흘렸다.

"이보오, 젊은이. 내 술 한잔 받으시오. 그리고 툭 터놓고 내게 말해보시오. 누가 아오. 내가 작은 힘이라도 돼 줄지."

50이 넘어 보이는 남자는 인자한 목소리로 그에게 말하며 술을 따라주었다. 남자의 말에 눈물을 그친 그는 그동안 있었던 이야기를 털어놓았다. 처음 본 남자가 왠지 자신의 답답한 속을 풀어줄 것만 같았다.

그의 모든 사정 얘기를 들은 그는 빙그레 웃음을 띤 채 말했다.

"이 세상에서 가장 좋은 것도 사람이고 가장 더럽고 추한 것도 사람이오. 내 형편이 좋을 땐 주위에 사람들이 꼬이지만, 내 형편이 초라할 땐 다 떠나가는 게 사람들이오. 사람을 너무 믿지도 너무 멀리하지도 마시오. 그냥 내가 살아가는 데 필요한 것 중 하나라고 여기시오. 그게 차라리 옳은 생각일 거요. 그렇다면 죽는다는 게 너무 억울하지 않소? 그런 사람들의 외면 때문에 하나뿐인 소중한 목숨을 버리려 하다니……."

그는 남자의 말을 잠잠히 듣기만 했다.

"이름이 무엇이오?"

"M입니다."

"난 M 씨를 보는 순간 내 지난날이 떠올랐소. 나 역시 M 씨처럼 좌절하며 방황하던 때가 있었소. 그런데 그때 나를 잡아준 분이 있었소. 그분은 지금의 내 장인어른이오. 그 어른을 만나지 못했더라면 지금의 나는 없었을 것이오. 몇 해 전에 돌아가셨지만 내 인생의 큰 스승이었소. 그분은 나를 자신이 경영하는 회사에 취직을 시켜주었고, 훗날 나를 사위 삼아 회사를 물려주었소. 난 열심히 일하는 것으로 그분의 은혜를 갚으려 했고, 결국 난 회사를 몇 배나 키울 수 있었소."

M은 그의 이야기를 들으면서 자신의 어리석음을 깨달았다. 사람이란 거기서 거기라는 것을. 그 사실을 자신이 잊고 살아왔다는 것을.

M은 자신의 어리석음을 깨닫게 해준 그를 향해 넙죽 큰절을 올렸다. 그리고 그를 자신의 목숨을 살려준 은인이며 인생의 스승으로 모시기로 했다.

M은 그의 주선으로 공장에 취업을 하고 몸이 부서져라 일해 몇 년 동안 돈을 모아 덤프트럭을 샀다. 그리고 회사와 운송계약을 맺고 열심히 일했다.

"M, 저 친구 정말 대단해. 마치 신들린 것처럼 일한다니까."

성실하고 정확한 그는 그곳 사람들에게 보증수표로 통했다. 그의 덤프차는 2대가 되었고, 곧 3대가 되었다. 그는 절망 끝에서 희망을 찾았고 전보다 나은 삶을 찾았다.

그의 인생의 겨울은 참혹하리만치 혹독했지만 결국 그는 자신의 인생을 따스한 봄으로 되돌려놓았다.

그가 그렇게 되기까지는 그를 친동생처럼 생각하고 이끌어 준 남자가 있었기에 가능했다. 아파트도 사고 자가용도 산 M은 남부럽지 않은 생활이었지만 늘 가족에 대한 그리움에 젖었다. 이혼 후 근 8년을 혼자 지내온 그는 전처에게 전화를 걸어 한번 만나자고 했다. 그의 제안에 전처는 주저하지 않고 흔쾌히 만나겠다고 말했다.

그는 전처에게 줄 선물과 꽃을 사 들고 약속 장소로 차를 몰았다. 그의 가슴은 두근거리기 시작했다. 이상한 일이었다. 마치 전처를 처음 만났을 때처럼 그랬다. 그의 두근거림은 약속장소로 가는 내내 계속되었다.

약속 장소에 들어서자 전처가 먼저 와서 기다리고 있었다. 전처를 보자 그의 가슴은 가볍게 떨렸다. 그는 현실을 잊은 채 연애하는 기분에 사로잡혀 떨리는 목소리로 반갑게 말했다.

"오랜만이야. 만나서 반가워."

"당신도 좋아 보이네."

전처는 부드러운 목소리로 말했다. 이혼 당시 표독스럽던 모습은 어디로 가고 연애 시절의 그녀 모습으로 되돌아와 있었다. M은 전처의 모습에서 일말의 희망을 발견하였다. 어쩌면 다시 합치고 싶은 자신의 꿈이 이뤄질지도 모른다는 생각이 그의 마음을 간절하게 했다.

"그래? 그렇게 보인다니 다행이야. 난 당신에게 초라하게 보일까 봐 은근히 걱정했었는데……. 고마워. 그렇게 말해줘서."

M은 싱긋 웃으며 말했다.

"무슨 말을 그렇게 해. 내가 무슨 자격으로 당신을 이렇다 저렇다 할 수 있겠어. 난 사실을 말한 것뿐이야. 정말이지 당신 참 좋아 보여."

전처가 엷은 미소를 머금은 채 다정스럽게 말하자 그는 하늘을 나는 듯한 기분에 사로잡혔다. 전처는 자신이 생각했던 것과는 전혀 다른 여자가 되어있었다. 그는 너무도 달라진 전처의 모습에 용기가 생겼다. 그는 아파트도 사고, 자가용도 사고, 적금통장이며 보험증권이며 덤프트럭도 여러 대를 갖고 있다는 것과 그동안 지내왔던 일을 소상하게 말해주었다. M의 말을 듣는 전처의 얼굴엔 온화한 빛이 가득했다. 그는 전처가 자신의 말에 깊은 관심을 보이는 것에 대해 더욱 희망을 가졌다.

"당신, 그동안 정말 고생 많이 했네. 난 그런 줄도 모르고……. 미안해. 내가 너무 모질었어."

전처는 자신의 무관심에 대해 미안한 마음을 담아 말했다.

"당신이 뭐가 미안해? 그런 말 안 해도 돼. 내가 무슨 자격으로 그런 말을 들을 수 있겠어. 이렇게 날 만나 준 것만으로도 고마워."

"너무 그렇게 말하지 마. 그럼 내가 너무 미안하잖아."

M은 전처의 말에 고개를 끄덕이며 미소 지었다. 그는 준비해 간 선물과 꽃을 전처에게 주었다.

"이게 뭐야?"

"응, 작은 거 하나 샀어. 맘에 들지 모르겠네."

"안 주면 어때? 왜 이런데 돈을 써."

"그냥 주고 싶었어. 당신 액세서리 좋아하잖아."

M의 전처는 그의 말에 눈시울이 붉어졌다. 그리고는 잠깐 말없이 창밖을 내다보았다. M도 더는 아무 말 하지 않은 채 그대로 있었다. 얼마 동안 창밖을 내다보고 있던 전처가 고개를 돌려 그를 바라보며 말했다.

"당신의 자상한 성격은 여전히 변함이 없네. 날 생각해서 선물까지 준비하고……. 고마워. 정말 고마워."

순간 M은 전처가 너무도 고마워하는 모습에서 그동안의 단절로 인한 낯섦을 느끼곤 움찔했지만 이내 부드러운 얼굴이 되어 말했다.

"너무 그렇게 말하니까 쑥스럽네. 고마워, 선물 받아줘서."

그리고는 다시 합치면 어떻겠냐며 넌지시 말했다. 그러자 전처는 생각할 시간을 달라고 했다.

그들은 식사를 하고 나서 헤어졌다. 집으로 돌아온 M은 희망을 품고 기다렸다. 그의 제안에 단호하게 거절할 줄 알았던 전처가 생각할 시간을 달라고 했던 것은 그에겐 대단한 만남의 결과였다.

전처를 만난 지 한 달이 넘도록 연락이 오지 않자 M의 가슴은 바짝 타들어 갔다. 일말의 희망을 갖고 기다리는 그에게 하루하루는 피가 마를 지경이었다.

그러던 어느 날 드디어 전처에게서 연락이 왔다. M의 뜻대로 다시 시작하자고 했다. 그는 환호성을 지르며 기뻐했다. M의 소식을 들은 그의 인생의 스승과 주변 사람들은 진심으로 그를 축하해

주었다.

이렇듯 한 사람의 소중한 인연은 그 사람의 인생을 완전히 뒤바꾸어놓는다. M을 자살로부터 구해주고 취직을 시켜주며 용기와 희망을 불어 주었던 50대 남자는 M에게 있어 생명보다 더 소중한 인연이었고, M은 그를 스승처럼 깍듯이 모시고 산다.

나는 이들의 아름다운 인연 이야기를 듣고 크게 감동하였다. 나 또한 60대에 접어들어 살고 있다 보니 앞에서도 말했듯이 삶과 사람 사이의 인연이 더욱 간절하게 다가온다. 지난 인연이든 새로운 인연이든 지금의 내겐 너무 소중해서 설령 내가 손해 보는 일이 있더라도 깨지 않으려고 내가 먼저 다가간다. 과거엔 어림도 없는 일이었다. 젊은 시절 나는 자존심으로 똘똘 뭉쳐있었다. 자존심이 상하는 일엔 그 누구를 막론하고 당당하게 맞섰고 두려움도 없었다. 그러다 보니 소중한 인연과 담을 쌓게 되었다. 나는 그것이 못내 아쉽고 가슴 아프지만, 이미 돌이킬 수 없는 일이 되고 말았다.

나는 내 후배들이나 제자들에게 말한다. 인연을 소중히 생각하라고.

인연은 '삶의 마시멜로'이다. 인연을 소중히 하는 당신이 돼라.

매 순간 감사하는 삶

늘 부정적으로 생각하고 불평불만을 달고 사는 사람이 있었다. 그는 무슨 일에서든지 긍정적으로 말하는 법이 없었다.

"해보나 마나 뻔해. 안 하는 게 좋아."

"첫, 지가 잘 나서 그런가. 어떻게 하다 보니 됐겠지?"

그는 하는 말마다 매사가 이런 식이었다. 그러니 뭐 하나 제대로 되는 게 없었다. 하는 일마다 실패였다.

그를 잘 아는 친구나 주변 사람이 조언하고 격려해주어도, 그는 도무지 받아들이는 법이 없었다. 한마디로 완전 안하무인 격이었다.

아내도 애들도 떠나가고, 친구들도 떠나가고, 모두가 그의 곁을 떠나갔다. 그러자 그는 외로워지기 시작했다. 게다가 빈털터리이고 보니 더욱더 쓸쓸한 마음뿐이었다. 그는 날마다 술에 취했다. 술에 취하지 않으면 도저히 견딜 수 없었다.

그러던 어느 날 그는 술에 취해 어느 집 담벼락에 기대고 서서 하늘을 바라보았다. 맑고 푸른 밤하늘엔 수많은 별이 떠서 환하게 빛나고 있었다.

"참 아름다운 밤하늘이구나."

그의 입에서 뜻밖의 말이 흘러나왔다.

그는 밤하늘을 바라보면서도 하늘에 별이 떴는지, 달이 떴는지조차 모르고 지내던 사람이었다. 그런데 그랬던 그가 밤하늘을 보고 아름답다고 말하다니 그건 놀라운 일이었다.

그리고 그때 한 가족이 그가 있는 곳을 향해 걸어오고 있었다.

"아빠, 감사합니다."

"그래. 유나가 좋아하니까 아빠도 너무 좋은데."

"엄마도 감사합니다."

"엄마까지?"

"네."

"왜?"

"엄마는 언제나 감사하니까요."

“그래? 유나가 그렇게 말해줘서 엄마도 정말 고마워. 그러고 보니 우리 유나 다 컸네. 감사해할 줄도 알고.”

그들이 저 멀리 사라지자 너무도 아름다운 가족이란 생각이 들었다. 그리고 지난날 자신이 가족들에게 했던 좋지 않은 기억들이 떠올랐다. 바쁘다는 핑계로 두 아이와 놀아주지도 못했고, 아내에게도 다정하게 대해 주지 못했던 그였다. 순간 그의 눈에서 눈물이 주르르 흘러내렸다.

“연지야, 민지야!”

그는 나지막한 목소리로 사랑하는 아이들의 이름을 불렀다. 초롱초롱 빛나던 아이들의 까만 눈망울이 너무도 보고 싶었다. 그러나 아이들은 어디에도 없었다.

“여보, 은영아!”

그는 이번엔 아내의 이름을 불렀다. 너무도 착한 아내였는데 성질 더러운 자신 때문에 마음고생이 심했던 아내에게 너무 미안했다.

그는 아무도 없는 집으로 돌아오면서 생각했다.

‘어린아이도 자신의 엄마 아빠에게 감사하는 마음을 그리도 잘 표현하는데, 그동안 나는 감사하는 마음을 잊고 살았구나. 아이만도 못하게 덜떨어지고 한심한 존재였다니…….’

그의 후회는 밤새도록 이어졌다. 그리고 쓸데없는 자존심과 부정적인 생각을 쓰레기통에 버리고 다시 시작하자고 결심했다.

다음 날 그는 친구를 찾아갔다. 그리고 자신을 한번만 도와달라고 부탁했다. 그의 소식을 세세하게 알고 있던 친구는 너무도 달라진 그를 보며 연민의 정을 느꼈다. 그토록 독선적이고 오만하고 자신 외에는 부정적으로 바라보던 친구가 자신에게 손을 내밀다니. 친구는 그의 손을 잡고 말했다.

"그래, 내가 뭘 도와주면 되겠나?"

"장사 밑천 좀 대줘. 내가 반드시 갚을게."

"그래? 알았어. 내가 도와줄게."

"고마워. 평생 감사하며 살게."

"고맙긴, 당연한 걸 갖고."

그는 친구의 도움으로 가게를 얻어 제2의 인생을 시작하였다. 그는 누구에게라도 "감사합니다." "고맙습니다."라고 말했다. 그는 자신의 친절에 좋아하는 사람들을 보고 감사하는 마음으로 사는 게 얼마나 에너지 넘치고 행복한 일인지를 뼈에 사무치도록 느꼈다.

그는 점차 안정을 찾아갔고, 가게도 탄탄하게 자리를 굳혀갔다. 그리고 그는 친정에 기거하고 있는 아내를 찾아갔다.

"여보! 지난날 당신에게 잘못했던 일 모두 사과할게. 정말 미안했어."

"그 말 진심이야?"

"응, 진심이야. 나 예전의 내가 아니야. 이제 큰 욕심 안 부리고 당신하고 애들하고 정말 잘 살고 싶어. 믿어줘.”

“그래, 좋아. 나 당신 믿을게.”

“고마워. 정말 고마워.”

아내는 너무도 달라진 그의 모습에서 새로운 희망을 발견했다. 그래서 함께 다시 시작하자는 그의 요청을 받아들여 그 길로 두 아이를 데리고 들어왔다.

매사에 부정적이고 불만족스러운 태도로 일관하던 그가 작은 일에도 감사하는 마음을 갖자 그의 삶은 완전히 달라졌고, 감사하는 마음은 그를 겸손하고 온유하게 변화시켰다.

나는 지금도 그를 보면 사람이 저렇게도 달라지는구나 하는 생각에, 감사하며 산다는 것이 자신에게나 가족, 친구들, 직장 동료들에게 또 주변 사람들에게 얼마나 긍정적인 에너지를 주고 기분을 좋게 하는지를 새삼 깨닫곤 한다.

또 하나의 이야기이다.

어떤 보험설계사가 있다. 그녀는 아주 친절할 뿐만 아니라 사람을 기분 좋게 하는 재주가 뛰어났다. 그녀의 말 한마디는 사람들의 마음이 하늘을 날아오르는 듯 두근거리게 만든다. 자연스럽게 실적이 좋을 수밖에. 지점 내에서 보험 판매실적이 가장 높다. 하지만 처음 보험을 시작했을 땐 많은 문제점을 안고 있었다. 보험을 하기 전에는 남에게 지는 것을 싫어해 배려는 물론 양보는 더더욱 하지 않았다고 했다. 한마디로 콧대가 드센 여자였다.

남편 사업이 잘 안 돼 보험설계사가 되었는데, 처음엔 실적이 별로 없었다고 했다. 생각 같아서는 잘 할 수 있을 것만 같았는데 생각대로 안 되자 속이 상해 울기도 많이 했단다. 하지만 언제까지나 울고 있을 수만은 없어 원인이 뭘까, 곰곰이 생각해보니 자신의 말과 행동에 문제가 있음을 알았다. 영업의 기본은 친절, 좋은 이미지, 정감 어린 말씨인데 자신은 너무 사무적이고 의도적이었다는 걸 알았다고 했다. 그래서 좀 더 부드러워지고, 친절해지고, 고객이 감사해하는 마음이 들도록 몸가짐 마음가짐을 해야겠다고 결심을 하곤 피나게 노력했다고 한다. 그 결과 몸에 밴 습관이 되었고, 그녀의 고객에 대한 감사한 마음과 친절한 행동은 고객들에게 신뢰를 갖게 했던 것이다.

고객은 나의 주인! 고객은 나의 벗! 고객은 또 다른 나!

이 문구는 그녀의 '세일즈 금언'이다.

이 문구에서 보듯 그녀는 프로 근성으로 똘똘 뭉쳐있는 프로 세일즈 우먼이다.

내가 잘 아는 의사 S에게 들은 얘기다. 그가 근무하는 병원은 1,200병상이 넘는 굴지의 대형병원이다.

그는 수많은 환자를 보며 깨달은 게 있다고 했다.

그것은 몸이 건강할 땐 그야말로 자기 멋에 살던 사람들도 병이 들어 병원에 들어오면 한없이 겸손해진다는 것이다. 의사와 간호사의 작은 친절에도 무척이나 감사해하는 모습을 보면 어린아이처럼 순수해 보이기까지 하다고 했다. 그러면서 그는 이렇게 말했다.

"사람들은 자신이 약하다고 느끼면 한없이 작아지고 겸손해지지요. 그리고 삶에 감사하고 가족은 물론 주변 사람들을 더 잘 챙기려고 합니다. 표현이 좀 어쭙잖지만, 병이 사람을 착하게 만들고 인간답게 만드는 거죠. 그리고 한 가지 분명한 사실은 감사를 잘하는 사람이 회복도 더 빠르고 완치율도 높습니다."

나는 감사를 잘하는 사람이 왜 회복도 빠르고 완치율도 높은지를 의학적으로 설명해 달라고 했다. S는 나의 물음에 이렇게 말했다.

"인간은 기분이 좋거나 기쁜 일이 생기면 뇌에서 도파민이 분비됩니다. 도파민이란 인간이 행복감을 느끼거나 기분이 좋을 때 신경에서 전달되는 화학물질이지요. 좋은 기분이 들어 흥분하게 되면 도파민 감각기관이 있는 뇌, 즉 전뇌에서 분비되는데 이 물질은 복합적인 사고를 하고 해결책을 찾아내는 데 중요한 역할을 합니다. 또 도파민이 분비되면 아픔도 잊을 수 있고, 긍정적인 마음을 갖게 되지요. 그래서 감사한 마음을 갖게 되면 매사를 긍정적으로 보게 되고, 기분 좋게 생각하기 때문에 아주 효과적이거든요."

나는 그의 의학적인 설명을 듣고 감사한 마음으로 산다는 것은 인간에게 가장 필요한 삶의 조건이라는 걸 알 수 있었다.

"나는 34년 동안 감사 일기를 써 왔다. 단 하루도 거르지 않았다. 찾아보면 감사한 일이 너무나도 많이 있다."

이 말을 한 사람은 뛰어난 치료사이자 철학자인 존 디마티니 John Demartini 박사이다.

그는 어린 시절 쓰기와 읽기는 물론 의사소통이 어렵다는 학습 판정을 받았다. 고등학교를 그만두고 거리 생활을 하던 중 열일곱 살 때 폴 브래그라는 사람을 만나 그로부터 "너는 천재다. 너의 지혜를 활용하라."라는 말을 듣고, 자신이 변화해야겠다는 결심을 하였다. 마음이 바뀌자 무엇이든 할 수 있다는 자신감이 들었다. 그 후 그는 척추 지압요법사가 되었고, 다양한 학문을 연구해 인간을 근본적으로 바꿀 수 있는 자기 계발 방법을 개발하였다. 그것이 매사를 감사하게 받아들이는 '감사의 효과'이다.

학습부진아로 판정을 받은 그가 이처럼 획기적으로 변화할 수 있었던 것은 삶에 대한 감사였다. 매사를 감사하게 생각하자 그에게 무엇이든 할 수 있다는 새로운 에너지가 솟아난 것이다. 그 결과 그의 인생은 그가 원하는 대로 이루어졌다.

그렇다. 가만히 생각해 보면 그의 말대로 감사하지 않은 것이 하나도 없다. 다만 우리가 그것을 잊고 살뿐이다.

"우리는 행복을 좇고 있지만, 행복이 어디서 시작되는지 모른다. 그런데 어떤 사람들은 '감사합니다'라는 말을 자주 할수록 행복해진다고 주장한다. 위대한 성공도 이 사소한 습관에서 비롯된다고 말한다."

이는 미국의 대표적인 심층 뉴스 프로그램인 〈인사이드 에디션〉의 진행자로 유명한 데보라 노빌Deborah Norville이 한 말이다.

나 역시 존 디마티니 박사와 노빌의 말에 전적으로 공감한다.

감사한 마음을 갖고 사는 것은 참으로 아름다운 일이다. 감사한 마음속엔 사랑이 있고, 화평한 마음이 있다. 그래서 감사한 마음으로 사는 사람들을 보면 얼굴은 온화하고, 몸가짐은 겸손하고 온유하다. 그러나 감사를 모르고 사는 사람들을 보면 얼굴은 늘 부어 있고, 입은 불만으로 가득하고, 몸가짐은 드세고 어딘지 모르게 거칠다. 감사한 마음을 갖고 살면 여유로운 마음을 갖게 된다. 하지만 감사를 모르고 살면 초조하고 불안한 마음이 든다. 감사한 마음은 빛의 마음이다. 그래서 감사한 마음을 갖고 살면 행복한 일이 많이 생긴다. 감사한 마음은 긍정적인 마음을 주고, 불가능한 것도 가능하게 만드는 힘을 준다. 감사한 마음은 사랑의 마음이다. 사랑이 많은 사람은 감사하며 사는 일이 많은 사람이다. 삶은 그 자체만으로도 이미 기적이며 날마다 우리는 기적을 이루고 살고 있다. 감사하라. 무조건 삶에 감사하라.

CHAPTER 3

더 많이 사랑하고 더 많이 행복하기

더 많이 사랑하고 더 많이 행복하기

어느 부부가 있었다. 남편은 군인이었고, 아내는 만성 신부전증을 앓고 있었다. 신장이식 수술을 해야 할 정도로 상태가 심각했다. 아내는 혈액투석을 주기적으로 해야 하는데 그 고통이 실로 엄청났다. 혈액투석의 고통에서 벗어나는 유일한 길은 신장을 기증받아 수술하는 것뿐이었다. 하지만 신장 조직이 잘 맞는 신장을 찾기란 쉽지 않다. 설령 있다고 해도 기증을 받는다는 것은 매우 어려운 일이다. 신장 조직이 잘 맞을 수 있는 확률은 부모 형제이다. 그런데 그게 마땅치 않았다. 그러자 확률이 5%밖에 안 되는 남편이 조직검사를 받겠다고 나섰다. 조직검사 후 놀랍게도 남편의 신장 조직이 잘 맞는다는 결과가 나왔다. 남편은 신장 기증으로 인해 더 군 생활을 할 수 없을지도 모르는 상황에서도 아내에게 신장을 기증해주었다.

지성이면 감천이라는 말처럼 남편의 정성이 하늘에 닿은 것일까. 수술은 성공적이었고 아내는 많이 호전되었다. 남편의 정성이 참으로 놀라운 결과를 가져온 것이다. 그리고 남편은 군 생활을 하느냐 못하느냐를 놓고 심사를 받아야 했는데 감사하게도 군 생활을 계속해도 좋다는 판정이 내려졌다.

아내를 살린 그의 숭고한 정신이 군 심사위원들에게 감동을 주었기 때문이었고, 그는 하프마라톤을 완주할 정도로 몸이 건강했다.

사랑하는 아내에게 자신의 한쪽 신장을 기증한 남편의 희생적인 사랑 이야기를 보면서 큰 감동을 받았다.

"행복한 가정은 상호 간에 사소한 희생이 없이는 절대로 영위되지 못한다. 희생은 행복한 가정을 만드는 사람을 위대하게 한다."

이는 소설 《좁은 문》으로 유명한 프랑스 소설가인 앙드레 지드Andre Gide의 말이다. 이 말은 '행복한 가정'을 이루기 위해서는 남편과 아내가 반드시 상호 간에 양보하고 배려하며 더 나아가서는 희생까지도 감수해야 함을 의미한다.

행복한 가정이 되기 위한 보다 구체적인 방법에 관해 이야기해보자.

행복한 가정이 되기 위해서는 남편은 남편으로서의 마인드를 갖춰야 하고, 아내는 아내로서의 마인드를 갖춰야 한다.

먼저 남편이 갖춰야 할 마인드이다.

요즘 아내들은 합리적이고 부드러운 남편을 원하고, 친구 같은 남편을 원하고, 연애할 때 자신의 말이라면 하늘의 별도 따다 주려고 했던 남자 같은 따뜻한 남편을 간절히 원한다.

사실, 연애할 때 자기 여자에게 영국 신사같이 굴지 않은 남편 있으면 나와 보라고 한다면 하나도 없을 것이다. 왜일까? 그러지 않으면 자신이 사랑하는 여자로부터 처절하게 버림받기 때문이다. 그런데 간절히 원했던 여자가 자신의 아내가 되고 나면, 안면에 철판을 팍 깔고는 시침 딱 잡아떼고 내가 언제 그랬느냐는 식으로 대한다. 대개의 아내는 남편의 이런 행동에 대해 완전히 속았다고 친정어머니나 친구들에게 까발린다. 그러면 대개 "우리도 그래." 혹은 "네 아버지도 그랬단다. 그러니 어쩌겠니? 내 팔자려니 하고 살아야지. 그러지 않으면 네 속만 터지지."라고 위로 같지 않은 말을 쏟아내곤 한다. 그러나 이런 얘기도 지난 시절의 아내들에게나 먹혀들었지, 지금 아내들에게는 보름 밤낮으로 머리에 김 나게 하는 말이다.

강같이 흐르는 것이 세월이다. 예전엔 10년에 강산이 바뀌었지만, 지금은 1년도 안 돼 수도 없이 강산이 바뀐다. 그런데 호랑이 뒷짐 지고 담배 피우던 시절 같은 얘기가 무슨 효용이 있단 말인가. 다 헛소리로 들릴 뿐이다. 그래서 합리적이고 부드러운 남편이 되어야 한다는 말이다.

합리적이고 부드러운 남편에겐 몇 가지 특징이 있다. 첫째, 아내와 대립하는 문제에 있어 자기주장을 밀어붙이지 않는다. 설령, 아내의 말에 머리에 열나고 콧김 팍팍 새는 대목이 있어도 자신의 감정을 조절하며 끝까지 듣고 자신의 의견을 설득력 있게 펼쳐나간다. 그래서 아내에게 큰 거부감을 불러일으키지 않는 센스를 가지고 있다. 둘째, 아내와 대립하는 부분에서 양보를 잘한다. 즉 자기 생각을 거둬들이고 아내의 말에 따라주는 너그러움을 보인다. 셋째, 무엇이든 아내를 먼저 생각한다. 모든 일에 있어 아내에게 선택권을 먼저 부여하는 센스를 보인다.

이렇듯 합리적이고 부드러운 남편은 매사에 자신보다는 아내를 우선시하는 센스를 지니고 있어 아내에게 거부감을 주지 않고 사랑받는 것이다.

현대사회는 아내의 역할이 그 어느 때보다도 다양하고 중요해졌다. 과거엔 남편에게 순종하고 아이 잘 키우면 일등 아내라고 했으나, 지금의 아내들은 그것만으로는 만족하지 못한다. 자신만의 삶을 매우 중요하게 여긴다. 그래서 자아의 실현을 갈구하고 소중하게 여기는 것이다. 자신이 남보다 뒤처진다거나 자신이 하고 싶은 일을 못 할 땐 스트레스에 쌓여 갈등하고 현실에서 벗어나고 싶은 욕망에 사로잡힌다. 그런데도 벽창호 같은 남편은 아내를 잘 모른다. 그냥 집에서 살림이나 잘하고 애나 잘 키우라고 말한다. 그런 말을 듣는 아내가 어떤 기분일까. 몇 날 며칠을 이를 갈고 독기를 품는다. 그리고 그것이 자꾸 쌓이다 보면 마침내 차디찬 이별의 아침을 맞게 된다.

요즘 아내는 자기 표현이 강하고 주관이 뚜렷하다. 그리고 개성도 강하다. 이런 아내들에게 무조건 참으라고 하는 것은 죽으라는 것보다 더 심한 모멸감을 주게 됨을 잊지 말아야 한다. 그리고 아내가 자신만의 시간을 요구하거나 자아실현을 원한다면 밀어주고 도와주어라. 분명히 말해 자기 아내 기분 살려줘서 손해 볼 게 뭐 있겠는가. 아내 기분이 좋으면 그 에너지가 춤을 추듯 사뿐사뿐 남편에게로 올 것이다. 그러니 손해 보는 장사는 절대 아니다. 그러니까 아내의 기분을 팍! 팍! 세워주는 남편이 돼라.

다음은 아내로서 갖춰야 할 마인드이다.

요즘 남편들은 사랑하고 싶은 아내를 원한다. 또한 애인 같은 아내를 원하고, 남편을 기를 팍팍 살려주는 아내를 원한다.

사랑하고 싶게 만드는 아내를 보면, 보고 있는 것만으로도 기분이 맑은 봄날같이 산뜻해진다. 그런 아내는 남편을 사로잡는 매력이 철철 넘친다. 상냥하고 따뜻한 마음을 가졌고, 애교가 강물처럼 넘치고, 사랑의 표현이 뛰어나고, 칭찬에 매우 익숙하다. 같은 말도 듣기 기분 좋게 하며 늘 새롭게 변화하는 모습을 보여주려 노력한다.

여기서 한 가지 오해가 없기를 바라는 것은 애교스럽고, 사랑의 표현이 좋은 것은 얼굴 생김새나 몸매와는 전혀 비례하지 않는다는 것이다. 즉 연애할 땐 얼굴이나 몸매가 높은 점수를 받지만, 결혼은 다르다. 결혼은 오래가야 하기 때문에 흔히 하는 말로 얼굴만 보고 사는 것이 아니라는 말이다. 결혼생활이 오래가려면 얼굴이 예쁘지 않아도 남편에게 호감을 주는 아내가 제격이다. 얼굴이 예쁘지는 않아도 호감을 느끼게 하는 타입의 아내란, 분위기를 잘 타고, 신선한 매력을 풍기며, 새로운 모습을 보여주려 늘 노력하는 아내이다. 이처럼 생동감 넘치는 아내가 남편의 마음을 사로잡는 것이다.

말 한마디에 천 냥 빚 갚는다는 말이 있다. 이 속담에서 알 수 있듯 한마디의 말을 얕보지 마라. 한마디의 말에 삶이 일어났다 주저앉는다. 좋은 말을 한다는 것은 부부 사이에 아주 중요하다. 좋은 말속엔 사람을 기분 좋게 하는 묘한 마력이 있다.

특히 아내가 한 말이 남편에게 있어 큰 용기를 줄 수 있다면, 그것은 아내에게 좋은 일일 뿐만 아니라 남편과 아이들은 물론, 모든 가족에게도 기분 좋은 일이다. 남편을 성공적으로 이끌려면 아내가 끊임없이 남편에게 에너지를 쏟아부어야 한다. 좋은 말처럼 훌륭한 에너지는 없다.

가령, "여보, 당신이 있어 우리가 행복한 거 알지? 당신은 우리의 희망이야."라는 말을 아내에게서 듣게 되면 남편은 쇠 방망이를 갈아 바늘로 만드는 열정을 보일 것이다.

좋은 말을 하는 데는 돈이 들지 않는다.

남편에게 희망의 마시멜로인 '좋은 말'을 아낌없이 해주어야 한다. 남편에게 가장 필요한 사람은 아버지도, 어머니도, 형제도 아들딸도 아니다. 그는 바로 아내라는 이름의 여자다.

인생은 사랑만 하고 살기에도 턱없이 짧다.

그러니 유감스럽게도 통계에 의하면 인생의 삼 분의 일은 잠자고, 삼 분의 일은 일하고, 나머지 삼 분의 일은 사랑하고, 취미생활하고, 운동을 하는 등 잡다한 일에 시간을 쓴다고 한다.

그렇다고 본다면 사랑하는 시간이 너무 적다는 생각이 든다.

그런데 싸우고, 미워하고, 울고, 짜증까지 부리고 한다면 사랑하는 시간은 더더욱 짧아질 것이다.

언젠가 60~70대들에게 가장 후회가 되는 것이 무어냐고 물었더니 아내와 더 많이 시간을 보내지 못하고, 놀러 가지 못하고, 사랑한다는 말을 하지 못하고, 열정적으로 사랑하지 못한 것이라고 했다.

이들처럼 후회하지 않으려면 남편은 아내를, 아내는 남편을 더 많이 위해주고, 더 많이 아껴주는 사랑을 해야 한다.

나 또한 지금껏 살아오는 동안 더 많은 사랑을 하지 못한 게 후회로 남는다. 지금의 내가 그때의 나였더라면 더 많이 사랑하고 더 많이 행복했을 텐데.

"남편이 아내를 확보하고 아내가 남편을 확보하지 않고는 행복한 가정을 이룰 수 없다. 가정에서 느끼는 즐거움은 두 사람의 정신과 성격이 발달해 감에 따라 점점 더 즐거워지게 된다. 서로가 그 정신을 높이고 성격을 원숙하게 해나가는 것이 가정의 행복을 증진하는 것이지, 어떠한 부부도 처음부터 완전히 행복한 자리에 앉을 수 없다."

미국의 교육자이자 지질학자인 로렌스 굴드Laurence Gould가 한 말이다.

로렌스 굴드의 말처럼 행복한 가정은 남편과 아내가 노력함으로써 더 즐거워지고, 행복이 증진되는 것이다.

남편들은 아내를 존중하고 높여주어라. 스킨십도 자주 하고, 사랑한다는 말도 자주 하라. 함께 둘만의 시간을 보내라. 맛있는 것은 아내에게 주고, 멋진 시를 읽어주어라. 친정에 대해 좋은 말만 하고, 늘 고맙다고 말해주어라.

아내들은 남편에게 슈퍼맨이 되라고 요구하지 마라. 슈퍼맨이 되면 모든 행복이 다 내게 올 것 같지만, 산 너머 저쪽은 어떨까 하는 기대심리를 저버리는 경우도 있음을 기억하라. 또한 남편의 기를 살려주고, 남의 남편과 비교하지 말고, 까칠하게 굴지 말고,

상냥하게 말하고, 달콤한 키스를 하고, 부드러운 말로 사랑한다고 말하라. 요즘 남편들 중엔 아내가 무섭다고 말하는 사람들이 많다고 한다. 당신은 남편을 끌어주고 밀어주는 아내가 돼라. 남편이 무너지면 아내인 당신은 쓰러진다.

남편들이여, 아내들이여, 사랑할 시간만으로도 인생은 너무 짧다.

더 많이 사랑하고, 더 많이 행복하라.

삶을 저당 잡히는 보증의 위험성

사람이 살아가면서 부탁하기도 어렵고 거절하기도 어렵지만 거절해야만 하는 것이 바로 보증이다.

보증은 가족 간에, 친구 간에, 지인 간에 한번은 거치는 통과의례와 같은 것이다. 하지만 인간관계에 있어 서주기에도 찜찜하고 서주고 나면 담보 기간 만료 시까지 초조하게 만드는 것이 보증이라는 것이다.

그런데 과거에는 보증을 서주는 것을 미덕으로 알았다. 남의 입장을 생각하는 마음을 인정 많은 행위쯤으로 여겼기 때문이다.

그러한 사회풍토에서 보증을 서주지 않으면 인정머리 없는 사람으로 낙인이 찍혀, 오나가나 손가락질을 받곤 했다. 물론 남의 어려운 처지를 고려해서 보증을 서주는 행위는 분명 아름다운 일임에는 틀림없다. 그런데 문제는 보증서서 잘 되는 경우도 있지만, 잘 안되면 서로가 낭패다. 보증 서준 사람은 손해를 감수해야 하는 고통이 따르고, 보증을 부탁한 사람은 상대방 대하기가 껄끄럽고 미안하기 때문이다. 그러다 보니 좋은 관계가 자못 서먹서먹해지고 심지어는 원수지간처럼 변해버린다. 지금은 보증보험회사가 있어 이용하는데 부적격 사유가 없으면 수수료를 지불하고 부담 없이 이용한다. 하지만 그래도 아직까진 보증을 서는 경우가 많다.

결론적으로 말한다면 보증은 서 달라고 하지도 말고, 서 주지도 말라는 것이다. 이렇게 얘기하면 인심 한번 더럽게 야박하다고 말하는 사람들도 있을 것이다. 하지만 야박하다고 해도 어찔 수 없다. 야박하다는 소리를 듣는 것이 잘못되어 평생 원수처럼 지내는 것보다야 백번 천번 낫다.

나는 지금껏 살아오는 동안 보증 서주고 받고 하는 사람들이 잘 된 것보다는 잘 안 된 것을 더 많이 보아왔다. 이는 비단 나만의 생각이 아닐 것이다. 이런 경험이 있는 사람들은 말 한번 참 잘했다고 박수를 칠지도 모른다. 더군다나 나이 들어 보증 서주고 잘못되면 회복할 기력이 없다. 물론 재산을 쌓아놓고 있다면 별문제겠지만.

이에 대한 두 가지 사례이다.

D가 있다. 그는 공무원으로 25년을 근무해오고 있었다. 직급도 군청 과장으로 안정적인 위치에 있었다. 가정적으로도 평안하고 행복한 나날이었다. 그러던 어느 날 둘도 없는 친구가 사업을 확장하는데 급전이 필요하니 대출을 받는 데 보증을 서달라고 부탁을 했다. D는 뜻밖의 부탁에 난처했지만, 친구가 워낙 정확한 성격이라 아내에게 상의조차 안 하고 공무원 신분으로 보증을 서주었다. 아내에게 얘기하면 반대할 게 빤했기 때문이다. D는 아내에게 죄를 지은 것 같아 미안했지만 이미 지난 일이 되고 말았다. D는 친구가 무탈하게 잘 해결하리라 믿고 지냈다.

그런데 문제가 터지고 말았다. 10개월이 지난 어느 날 법원에서 등기가 날아 온 것이다. 압류 통지서였다. 이를 안 아내는 남편의 처사에 심히 분노를 느끼고 각방을 쓰며 남편의 접근을 막았다. D는 이 사실을 군청에서 알게 될까 쉬쉬하며 아파트를 담보로 하여 대출을 받고, 알뜰히 모은 적금을 깨서 친구의 빚을 갚아 위기를 넘겼다.

"미안하다. 정말 너 볼 면목이 없다."

친구는 미안하단 말만 할 뿐 별다른 뾰족한 수가 없었다.

"일부러 그런 것도 아닌데 뭐. 어쨌든 위기를 넘겼으니 다시 잘 해봐."

D는 딱히 할 말이 없어 이렇게 말하고 말았다.

"그래, 고맙다. 반드시 재기해서 네 신세 꼭 갚을게."

"그래, 제발 그래 다오."

D는 이렇게 말했지만 속은 쓰리고 아팠다. 공무원 신분에 7천만 원이나 되는 생돈을 물어줬으니 난감하기만 했다. 더구나 대학에 다니는 아들과 대학에 들어갈 딸 생각을 하니 죽고 싶은 심정이었다.

친구와 헤어져 집으로 온 D는 아내에게도 자식들에게도 완전 죄인이 된 기분이었다. 집안 분위기는 먹구름이 낀 하늘처럼 우중충했고, 웃음은 자취를 감추고 말았다. 2년이 넘도록 아내와 남 아닌 남남처럼 지내야만 했다. 2년이 지나고 나서야 아내는 막힌 마음을 서서히 풀었고, 그만큼 아내의 고통이 컸던 것이다. 재기를 기대했던 친구는 어디론가 떠나버렸고, 돈을 받을 길은 영영 사라지고 말았다.

6년이 지난 지금도 D는 빚 갚느라 마음 놓고 쓴 소주 한 잔 마시지 못한다. 그는 말한다. 보증이란 글자만 봐도 치가 떨리고 환멸을 느낀다고. 주변 사람들에게 세상없어도 보증은 절대 서주지 말라고 말한다.

형제간에 있었던 일이다.

형이 조그만 사업을 하는 데 자금이 필요해 동생에게 보증을 부탁했다. 동생은 형 부탁을 들어주지 않을 수 없어 아내에게 말했다.

"형이 보증을 서 달라고 하는데 어떻게 해?"

"보증은 절대 안 돼."

아내는 일언지하에 딱 잘라 거절했다.

"형인데 어떻게 그래? 당신 너무 야박한 거 아냐?"

동생은 아내에게 핏대를 올리며 말했다.

"야박하다고 해도 어쩔 수 없어. 부모 형제간에도 보증은 서지도 서주지도 않는 거래."

"서주기 싫으니 별말을 다 한다."

"당신 내 말 잘 새겨들어. 만일 나 모르게 아주머니 보증 서드렸다가는 난리 날 줄 알아. 차라리 적금 깨서 드려."

"적금 깨면 얼마나 되는데?"

"한 6백만 원 될 거야."

"그래? 알았어. 형한테 말해볼게."

동생은 이렇게 말하고 다음 날 형에게 이를 말했지만 푼돈 갖고 해결할 문제가 아니라며 쫀쫀하게 군다고 면박을 주었다.

동생은 아내 모르게 아파트를 담보로 보증을 서주었다.

그러나 세상에 비밀은 없는 법. 우연히 시어머니를 통해 아내가 이 사실을 알게 된 것이다. 심한 배신감을 느낀 아내는 3개월이 넘도록 말없이 지냈다. 그런데 설상가상으로 형 사업이 잘못되는 바람에 1억이나 되는 빚을 떠안게 되었다. 그의 아내는 분노를 더는 참지 못하고 이혼을 요구하였다. 그의 아내는 자기를 무시하고 가정의 분란을 일으킨 남편과 이 이상 결혼생활을 유지한다는 것은 비전 없는 짓이라며 이혼 요구 사유를 밝혔다. 8개월을 버티던 그는 할 수 없이 아내의 요구를 받아들여 이혼서류에 도장을 찍고 말았다. 행복하게 잘 살아가던 부부가 형제간의 잘못된 보증으로 인해 쓸쓸한 이별을 하고 말았던 것이다.

D의 경우도 그렇고, 형 보증을 서주었던 동생도 그렇고 인정에 사로잡혀 서준 보증으로 지옥과 같은 시련을 겪어야만 했다. 보증이란 이처럼 자신에게도 보증을 서준 상대방에게도 불행을 초래하는 나쁜 관습과도 같은 것이다. 물론 보증을 서서 잘 되는 경우도 있다. 그러나 그것은 수치상으로 볼 때 문제가 생기는 경우보다는 훨씬 적은 확률이다. 그렇게 본다면 보증은 필요악이라고 할 수 있다.

앞에서도 밝혔듯이 필요악인 보증은 서달라고도 말고 서주지도 말아야 한다. 보증을 안 서주면 한 사람은 잘 못 될 수 있지만 한 사람은 잘못될 이유가 없다. 그러나 보증을 서서 잘못되면 둘 다 잘못된다는 게 문제다. 그러니 보증은 서지도 말고 서달라고도 하지 말라는 것이다.

사람은 거절할 땐 거절할 줄 알아야 한다. 인정에 이끌려, 체면 때문에, 의리 때문에 거절해야 할 때 거절하지 못하면 패가망신하는 결과를 초래한다는 사실을 명심해야 한다. 특히 40대 남자들은 더욱 각별히 가슴에 새겨야 한다. 40대는 직장에서나 사회적으로나 안정적인 위치에 있는 나이이다. 다시 말해 어느 정도 자리를 잡았다는 말이다. 그러다 보니 보증을 서 달라는 부탁을 많이 듣는 세대이기도 하다. 그래서 40대는 보증에 더욱 민감할 수밖에 없다.

40대는 인생의 한가운데에 있는 가장 중요한 시기이다. 이 시기에 무너지면 다시 일어선다는 것은 매우 힘들다. 이를 명심하고 또 명심해야 할 것이다.

나쁜 말은 삼가고 좋은 말은 즉시 하기

사람 사이에서 말의 역할은 매우 중요하다. 자기 생각을 상대방에게 전달하는 수단을 넘어, 자신의 능력을 펼쳐 보이는 중요한 수단이 되고 있다.

말하자면 말은 무형의 자산인 것이다.

좋은 말은 상대방을 붕붕 띄워 주고, 좋은 이미지를 심어주어 상대방에게 자신을 깊이 인식시킨다. 하지만 나쁜 말은 상대방의 기분을 잡치게 하고, 싹수없는 이미지를 심어주어 상대방이 이를 갈게 만든다.

사람을 기분 좋게 하는 말은 보약을 복용한 것보다도 사람의 몸과 마음을 건강하게 한다.

"우리 자기 최고! 역시 내 자기야!"

아내에게 혹은 남편에게 이처럼 기분 좋은 말을 듣는 순간, 마음 깊은 곳으로부터 엔도르핀이 샘물처럼 솟아나며 마음을 한껏 고조시킨다.

또한 상사로부터 "김 대리, 역시 자넨 우리 지점 베스트 맨 이야!"라는 말을 들을 때 부하직원은 상사를 마음으로부터 존경하게 된다. 그래서 기분 좋은 말을 듣게 되면 자신감이 생겨 불가능할 것 같은 일에도 도전을 하게 되는 것이다. 기분 좋은 말은 하는 사람도 기분 좋게 하고, 듣는 사람도 기분 좋게 해준다. 기분 좋은 말을 하는 데는 돈이 들지 않는다. 말을 하는 사람이 기분 좋은 마음을 갖고 기분 좋게 하면 되는 것이다. 혹자는 이에 대해 어떻게 기분 좋은 말만 할 수 있느냐고 반문할 것이다.

그렇다. 항상 기분 좋은 말을 할 수 있는 것은 아니다. 하지만 기분 좋은 말을 하도록 노력해보라. 무엇이든 처음엔 다 힘이 들기 마련이다. 그렇다고 해서 시도도 하지 않으면 그 어떤 것도 할 수 없다. 자신이 진정 남편에게 용기를 주고 힘을 북돋워 주려는 마음이 있다면 지금부터라도 당장 시도해 보라.

"야! 우리 남편 가만히 보니 되게 잘 생겼네."

이 말에 기분 좋아하지 않을 대한민국 남편은 그 어디에도 없을 것이다.

“역시 부장님이십니다. 부장님, 최고!”

“그래? 좋아, 오늘 점심은 내가 쏘지.”

부하 직원의 기분 좋은 말에 부장은 점심을 낼 것이다.

다음 두 가지 일화를 통해 말이 주는 영향에 대해 알아보자.

B는 43살의 자동차 영업사원이다. 영업직이란 게 실적이 좋으면 하늘을 날아갈 듯한 기분으로 만들고 실적이 나쁘면 기분을 한없이 다운시킨다.

B는 준수한 외모에 사교성 있는 친절함은 물론 사람을 사로잡는 언변으로 고객들에게 인기가 많다. 그에게 차를 산 고객은 그의 친절함과 부지런함을 좋게 여기고 도와주기 위해 자신의 주변 사람들을 소개해주었다.

B의 영업 전략은 한 사람의 고객이 또 다른 고객을 창출하는 것이다. 이 말은 한 사람의 고객을 잘 관리함으로써 그로 인해 또 한 사람의 고객을 만든다는 것이다. 이는 영업에 있어 교과서적인 룰이지만 그것을 꾸준히 실천하는 사람은 드물다.

B는 이러한 교과서적인 룰을 잘 활용하여 많은 실적을 올렸고, 동료 중 제일 먼저 승진하여 과장이 되었다. 하지만 그는 집으로 돌아가면 영 딴 남자가 되고 만다. 밖에서의 친절함과 사교성은 어디론가 흔적 없이 사라져버리고 까칠하고 잔소리만 해대는 성

격 더러운 B만이 남는다.

사람들은 양면성을 가진 동물이다. 그것이 더 확연히 드러나는 사람들과 그렇지 않은 사람들의 정도의 차이가 있을 뿐.

B는 아내를 마치, 자신의 부속물쯤으로 여긴다.

"야, 물 좀 줘!"

"야, 양말 어디 있어?"

"야, 국이 왜 이렇게 짜! 넌 대체 정신 어디다 두고 있는 거야?"

라는 말을 아무렇지도 않게 한다. 누가 들으면 아버지가 철딱서니 없는 딸아이한테 말하듯 한다.

이쯤 되면 성격 좋고 털털한 그의 아내 얼굴엔 갈매기가 세 개는 그려지고, 눈꼬리는 여우 눈처럼 위로 치켜 올라가고, 마구 쏘아붙이기 시작한다.

"야가 뭐야! 야가? 내가 당신 동생이야, 아니면 자식이야?"

"야, 그게 뭐 어때서? 남들도 다 그러더라."

"남은 남이고 나는 나야. 야라니?"

"별것도 아닌 것 같고 자꾸 그럴 거야!"

화낼 사람은 아낸데 B가 버럭 소리를 질러댔다.

"뭐! 별것도 아닌 것? 야! 너 말 다 했어?"

왕창 열 받아 꼭지가 돈 그의 아내 역시 남편을 "야!"라고 몰아세우며 완전히 코너로 꼼짝달싹도 못 하게 몰아세웠다. 아내가 대차게 나오자 B는 얼굴이 파랗게 질려서 더듬대며 말했다.

"야, 너, 진짜 왜 그래?"

"왜, 내가 너한테 야라고 하니까 억울하냐?"

"왜 여태까지 안 하던 짓을 해?"

"네가 하게 만들잖아? 열 받게……. 그리고 너는 나한테 말끝마다 야, 야, 하면서 내가 너한테 야, 라고 하면 왜 안 되는데?"

"그래도 그렇지. 어떻게 나한테 야, 라고 할 수 있냐?"

"겨울바람 봉창 두드리는 소리 하고 있네. 앞으로는 네가 나한테 하는 대로 나도 똑같이 할 거야. 알겠니?"

"……."

아내가 끝까지 대차게 나오자 B는 더 아무 말도 못 하고 석고상처럼 잔뜩 얼어붙고 말았다.

B의 이중적인 태도는 크게 잘못되었다. 일로 만나는 사람도 중요하지만, 평생을 함께하는 아내가 더욱 소중하다는 것을 간과했기 때문이다. B와 같은 태도를 보이는 남편이 의외로 많다는 데 놀라지 않을 수 없다. 특히, 40대 이상에서 심하다. 이는 하루빨리 시정되어야 한다.

명심하라.

아내를 우습게 대하는 남편은 거지 같은 대접을 받고, 왕비처럼 대하는 남편은 황제 같은 대우를 받게 된다는 것을.

R은 센스 9단에 애교도 9단이다. 그녀는 늘 입가에 미소를 달

고 주변 사람들을 대한다. 그녀를 보면 공연히 기분이 좋아진다. 기분이 안 좋았던 사람도 그녀와 이야기를 나누다 보면 기분이 한껏 업되어 우울했던 기분이 확 달아나 버린다.

어느 날 바라본 남편이 많이 지쳐 보였다. 그녀의 남편은 자신의 마음을 드러내지 않으려고 했지만, 눈치 빠른 그녀의 레이더망을 비껴갈 수는 없었다.

다음 날 그녀는 남편 퇴근 시간에 맞춰, 남편이 좋아하는 아귀찜을 맛있게 만들어 놓고 남편이 오길 기다렸다. 남편이 퇴근하고 오자 그녀는 상냥하게 미소 지으며 남편을 식탁으로 이끌었다.

"자기야, 자기 좋아하는 아귀찜 했어. 술 한잔할 거야?"

"그래? 좋지."

그녀의 말에 남편은 옅은 미소를 지으며 말했다. 그들은 식사를 하며 술을 마셨다.

"자기 요즘 외로워 보여. 내가 뭘 잘 못 한 거 아냐?"

"아, 아냐. 자기 잘못한 거 없어."

"그래……. 자기야, 우린 부부야. 자기 힘든 일 있으면 언제든지 다 말해. 난 언제나 자기 믿어."

R은 남편의 손을 꼭 잡고 말했다. 그녀의 눈엔 진심이 가득 담겨 있었다. 그는 아내의 말에 잠시 뭔가를 생각하더니 넌지시 말했다.

"자기야, 나 직장 그만두고 사업을 한번 해 볼까?"

"사업? 왜 그런 생각을 했어?"

아내는 미소 띤 얼굴로 말했다.

"그랬으면 좋을 것 같아서……."

"자신 있어? 그게 자기의 뜻이라면 난 좋아. 난 자기가 경솔한 사람이 아니라는 걸 믿어. 그런데 무슨 일이 있었는지 모르지만, 그런 결정이 감정에 치우쳐서 한 거라면 다시 한번 재고해 줬으면 좋겠어."

그녀는 아주 너그러운 마음으로 그러나 침착하고 냉철하게 말했다. 아내의 넉넉한 말을 들은 그는 순간 자신이 세상에서 가장 행복한 남편이라는 생각이 들었다. 다른 여자들 같으면 펄쩍 뛰며 "아닌 밤중에 그게 무슨 봉창 뜯는 얘기야!"라고 할 텐데, 그녀는 그런 말 한마디 없이 자기 뜻에 따르겠다고 하기 때문이다.

그녀의 남편은 동기 중 유일하게 승신에서 탈락했다. 그러나 아내의 이러한 격려에 그는 아내를 위해서도 열심히 노력해 다음 번에 꼭 승진하리라 굳게 다짐하고는, 사업을 해 보겠다는 생각을 접고 더 열심히 일에 몰두했다. 그 결과 다음 인사에서 차장으로 승진하였다. 그녀의 남편을 배려하는 마음과 자신감을 심어준 고운 마음이 승진에서 탈락한 남편에게 믿음과 용기를 주어 승진하게 했던 것이다.

말 한마디에 삶이 일어나고 주저앉는다. 그런 까닭에 기분 좋은 말을 한다는 것은 아주 중요하다. 좋은 말 속엔 사람을 기분 좋게 하는 에너지가 숨 쉬고 있다. 아내가 한 말이 남편에게 큰 용기를 줄 수 있다면, 그것은 아내에게 좋은 일일 뿐만 아니라 남편과 아이들은 물론 주변 사람들에게도 기분 좋은 일이 될 것이다. 또한 남편이 한 말이 아내를 기분 좋게 한다면, 그건 남편에게도 아내와 아이들에게도 기분 좋은 일이 되어, 가족 모두가 행복한 마음을 갖게 할 것이다.

좋은 말을 하는 데는 돈이 들지 않는다. 의도적으로라도 자꾸만 좋은 말을 하도록 해야 한다. 처음엔 조금 쑥스럽지만 자꾸 하다 보면 익숙해질 것이다. 희망의 마시멜로인 '좋은 말'을 아끼지 말고 하라.

그러나 나쁜 말은 한 번 더 생각해보고 하되, 될 수 있으면 안 하는 것이 좋다. 꼭 해야 할 말이라면 분위기를 해치지 않게 상대방을 배려하는 마음으로 해야 한다.

"영국 총리를 지낸 캐서린 글래드스턴은 가정에서는 절대로 나쁜 말을 하지 않았다. 그가 아침 식사를 하러 나갔을 때 가족들이 잠자고 있어도 그는 자기의 화를 조절할 수 있었다."

탁월한 자기계발 전문가인 데일 카네기의 말이다. 그의 말에서 글래드스턴은 나쁜 말을 하거나 화를 내는 것이 백해무익하다는 것을 잘 아는 사람이란 걸 알 수 있다.

나 역시 이런 경험을 숱하게 하며 지금껏 지내왔다. 사회 활동과 직장 생활을 하며 가정에서, 친구와의 사이에서, 내가 활동하고 있는 문학단체에서 나 자신이 나쁜 말의 피해자가 되어 분노한 적도 많다. 또한 나로 인해 상대방이 분노하게 한 적도 있다. 나쁜 말은 나쁜 에너지를 쏟게 만드는 백해무익한 언어의 쓰레기이다. 사회적으로나 직장에서나 가정에서나 40대는 가장 역할이 중요한 시기이다. 이 시기에는 문제도 많이 일어난다. 세 치 혀의 농간에 휘둘리는 일이 없도록 만사 불여튼튼 해야 한다. 동서고금을 막론하고 역사상 모든 분란은 항상 거친 말과 나쁜 말에서 비롯되었음을 기억하고 또 기억하라.

라이프 골드 타임Life Gold Time, 휴식

휴식은 노는 것이 아니라 삶을 재충전하는 '라이프 골드 타임Life Gold Time'이다. 그만큼 현대사회에서의 휴식은 중요하다.

그런데 이처럼 중요한 '라이프 골드 타임'을 잘못 인식하는 사람들이 많다. 요즘 젊은이 중엔 휴식시간을 잘 보내는 사람들이 있다. 그들은 자신을 누구보다도 소중하게 여긴다. 자신의 가치를 스스로 높이려고 한다. 즉 자신을 회사가 필요로 하는 또는 사회가 필요로 하는 브랜드로 만들려 하는 것이다. 그래서 그 짧은 휴식 시간에도 운동을 하고, 책을 읽고, 영어를 배우며 알차게 시간을 쓴다.

그러나 40대의 세대들만 하더라도 진정한 휴식의 의미를 잘 모른다. 그저 먹고, 취하도록 마시고, 고스톱 치고, 카드놀이 하는 게 고작이다. 이는 진정한 휴식문화에 대해 잘 모르기 때문이다. 물론 다 그렇다는 것은 아니니 오해가 없기를. 40대 중에서도 자신을 끊임없이 계발하는 이들도 많으니까 말이다.

휴식은 시간을 소비하는 것이 아니라 시간을 비축하는 것이다. 즉 생산적이고 창조적인 마인드를 축적하는 시간이라는 것이다.

이에 휴식을 알차게 보내는 K의 사례를 보자.

K는 대기업 부장이다.

그는 40대 초반인데도 자기계발에 매우 적극적이다. 그의 꿈은 임원이 되는 것이다. 다른 동기들은 어떻게 하면 정년까지 버틸 수 있을까를 걱정할 때, 그는 임원이 되기를 꿈꾸었다.

이처럼 같은 공간에서 근무하는 직원들 사이에도 생각은 천차만별이다.

K는 3박 4일의 짧은 휴가 기간에도 자신이 미리 세워놓은 계획대로 책을 읽고, 영어 공부를 하고, 수영을 하며 잠시도 시간을 허투루 쓰는 법이 없다.

그리고 남은 시간엔 휴대전화며 전화기 코드까지 뽑아놓은 채 다른 생각은 일절 하지 않고 오직 가족들과 어울리며 휴식을 즐긴다.

그에 비해 그의 동기들은 그 시간에 모여 고스톱을 치고, 줄담배를 피우고 술을 마셔대며 희희낙락 시간을 죽인다. 그들은 그것을 휴식이라고 여기는 것이다.

삶은 불공평한 것 같아도 이런 점에서는 매우 엄격하게 삶의 법칙을 적용한다. K는 늘 인사고과에서 선두를 달리며 한 번도 처진 적이 없다. 그 자신이 결코 용납하지 않기 때문이다. K에게 있어 휴식 시간은 충전의 시간이며 창조적인 시간인 것이다. 다행히도 지금 우리 사회에는 K처럼 시간을 잘 쓰는 사람들이 점차 늘고 있다. 자신이 살아남기 위한 자기 혁신이며 계발을 위해서다.

하지만 아직도 휴식 시간에 고스톱을 치고, 몸이 채 이기질 못할 만큼 술을 퍼마시는 사람들이 월등히 많다. 이에 대해 부인하지는 못할 것이다. 이는 대한민국 어딜 가나 비슷한 현상이니까.

유대인들은 휴식 시간을 잘 쓰기로 유명하다. 그들이 휴식 시간을 소중히 여겨 잘 활용하는 것은 휴식을 일하는 것과 동일시하는 탈무드의 가르침에 따른 것이다.

유대인에겐 안식일이라고 불리는 날이 있다. 안식일은 일주일에 한 번씩 돌아오는데 이날은 일로부터 완전히 떠나 자기만의 시간을 가지며 푹 쉰다. 오직 휴식 외에는 아무것도 안 한다.

"휴일이 인간에게 주어진 것이지 인간이 휴일에 주어진 것은 아니다."

《탈무드》에 나오는 말로, 철저하게 인간 중심의 휴일이라는 걸 알 수 있다. 그래서 이날은 아이 어른 할 것 없이 깊은 휴식을 취한다. 일과 관계된 것은 그것이 무엇이든 간에 해서는 안 된다. 이는 유대인에게 있어서는 불문율과 같다. 유대인들은 이렇게 자기만의 휴식 시간을 즐기고, 그 시간을 매우 소중하게 생각한다. 그들은 이렇게 철저히 자신을 즐기면서도 그 어느 민족보다 우수하다는 평가를 받는다. 이를 우리 식으로 풀이한다면 일할 땐 화끈하게 일하고, 놀 땐 화끈하게 놀라는 것이다.

그러면 우리는 어떠한가.

우리나라 사람들은 일은 열심히 하는데 비해 노는 문화는 뒤떨어져 있다. 앞에서도 잠깐 언급했지만, 직장 동료들끼리 휴가를 가든, 가족끼리 휴가를 가든 휴식을 즐기는 방법이 내내 비슷하다. 일단 모이기만 하면 누가 시키지 않아도 고스톱판을 벌이거나 포커를 즐긴다. 그것도 잠깐 하는 것이 아니다. 아침에 시작하면 점심을 지나고 저녁 늦게까지 한다. 심지어는 날밤을 새우기도 한다. 거기다 폭주를 하고 곰이라도 잡을 듯이 피워대는 담배는 정말 곤혹스러울 정도다.

나는 고스톱이라든가 포커라든가 당구 같은 신변잡기는 할 줄 모른다. 안 배워서가 아니라 아예 관심이 없다. 그래서 친구들 또는 내가 속한 단체에서 여행을 떠나면 나는 홀로 떨어져 책을 읽거나 음악을 듣거나 산책을 하거나 마음이 잘 맞는 이와 이야기를 즐긴다. 즉 나만의 시간을 즐긴다. 그래서 나 같은 경우엔 여럿이 어딜 간다는 것이 썩 달갑지 않다. 나는 철저하게 가족과 시간을 보내는 스타일이다. 나는 아이들이 어렸을 때부터 차 트렁크에 며칠 먹을 것과 옷가지 등을 싣고 전국을 누비며 다녔다.

물론 유대인들이나 나의 휴식법이 다 옳다는 것은 아니다. 그러나 온종일 또는 휴식 내내 고스톱판을 벌이고 술을 마셔대는 것은 더더욱 옳은 것은 아니다.

가장 합리적인 휴식 문화는 우리나라 정서에 맞게 맞추면 되는 것이다. 그렇다면 어떻게 하는 것이 좋을까.

이에 대한 몇 가지 방법이다.

첫째, 가족과 갔을 때는 오직 가족 중심으로 즐겨라. 다른 사람들과 굳이 어울리지 마라. 가족만의 오붓한 시간을 가지며 바빠서 평소에 함께 하지 못했던 시간을 맘껏 즐겨라. 둘째, 여럿이 가거나 직장 동료들과 갔을 때는 자기만의 시간과 함께 하는 사람들과의 시간을 반반으로 하여 즐겨라. 아침부터 날밤을 새워봤자 남는 건 피곤함뿐이다. 휴식도 생산적으로 즐겨야 한다. 셋째, 가끔 혼자만의 휴식을 즐겨라. 이땐 오직 자신만을 위해 즐겨라. 자신이 하고 싶은 것을 하라. 단 가족이 오해하지 않게 동의를 구하는 것은 필수이다.

"현대인은 여가를 무서워한다. 여가는 자기와 대결을 강요하기 때문이다. 하지만 여가를 통해 사람들은 지적으로 창조된다."

이는 영국의 미래 역사학자 아놀드 토인비Arnold Toynbee가 그의 저서《미래를 사는 지혜》에서 주장한 말이다. 토인비의 말은 창조적인 미래를 살아가기 위해서는 미래에 맞게 자신을 만들어 가지 않으면 안 된다는 것을 의미한다고 하겠다. 그래서 휴식이 매우 필요하다는 것이다.

나는 이에 전적으로 동의한다.

작가로서 하루하루를 살다 보면 주기적으로 정서가 메말라지는 것을 느낀다. 이럴 땐 하던 일을 접고 하루나 이틀 정도 발길 닿는 곳으로 떠나곤 한다. 작가에게 떠남은 휴식이지만 창조적인 떠남이다. 글을 쓰다 글이 막혀 막막해졌다가도 떠났다 다시 돌아올 땐 언제 그랬느냐는 듯이 술술 풀려 나온다.

작가에겐 휴식이 필수이다. 하지만 휴식은 작가만의 문제가 아니라 누구에게나 필요한 삶의 요소인 것이다.

똑똑하게 휴식하라.

휴식을 먹고 마시는 것으로 탕진하지 마라. 휴식을 잘 보내는 이가 남보다 한발 앞서가는 법이다.

자녀 인생은 자녀의 것

한국 부모들 특히 어머니들의 자녀 사랑은 참 유별나다 못해 소름이 끼칠 정도다. 아이들을 모두 슈퍼맨, 슈퍼우먼으로 키우려고 한다. 그런데 문제는 내 아이가 가능성이 없는데도 남들이 하니까 나도 해본다는 식이다. 완전 무대포식이다. 이것은 아이를 진정으로 사랑하는 것이 아니다. 아이의 개성을 죽이는 일이며, 아이에게 잠재된 재능을 무시하는 행위이다.

생각이 다르고, 능력이 다르고, 성격이 다르고, 머리가 다른데 어떻게 아이들을 다 똑같이 키우려고 한단 말인가. 이는 비상식적이고 돈과 인력, 시간을 낭비하는 일이다.

아이들은 생각 없는 꽃이 아니다. 아이들은 엄연히 인격을 가진 인격체이다. 부모라고 해서 아이들의 미래를 좌지우지한다는 것은 아이의 미래를 저당 잡는 것과 다름없다.

물론 아이들이 잘되기를 바라는 부모의 심정은 당연하다. 내 자식이 좋은 집에서 좋은 직장에서 좋은 환경에서 살아가길 꿈꾸는 것은 부모라면 누구나 바라는 마음이다. 그러나 냉정히 생각할 필요가 있다. 획일적인 교육은 내 아이든 남의 아이든 간에 아이들 모두를 살아있는 인형으로 만드는 일이다. 현명한 부모가 되어야 한다. 내 아이가 무엇을 잘하고 무엇을 하면 인간답게 살아갈 수 있는지를 간파하고, 그에 맞는 맞춤식 교육을 하는 것이 바람직하다.

우리나라 피겨 사상 최초로 밴쿠버 동계올림픽에서 금메달을 목에 건 김연아. 그녀를 최고의 선수라고 세계 피겨계와 언론은 말한다. 김연아가 피겨의 전설이 될 수 있었던 것은 김연아의 어머니가 열정과 시간을 투자했기 때문이다. 물론 김연아 또한 피겨를 좋아했기에 가능했다.

그런데 김연아 어머니가 여타의 부모처럼 피겨를 취미 정도로 생각하고 공부에만 열중하게 했다면 어떻게 되었을까. 그저 공부 잘하는 자식 정도로 자라는 것에 그쳤을지도 모른다. 그런데 현명하게도 자녀의 재능을 살리는 일에 열정을 바쳤기에 세계 최고의 피겨선수가 될 수 있었던 것이다.

대한민국 수영계의 영웅 박태환을 보자.

그 또한 부모가 재능을 잘 살려 좋은 결과를 얻은 대한민국 수영계의 영웅이다. 그는 베이징 올림픽에서 올림픽 수영 사상 최초로 400m 자유형에서 우리나라에 금메달을 안겨주었다. 만일 그의 부모가 공부나 잘하라며 밤늦게까지 학원으로 들여보냈더라면 어떻게 되었을까.

그 또한 공부 잘하는 모범생은 되었을지언정 세계 속에 자신의 이름을 영원히 남기지는 못했을 것이다.

첼리스트 장한나.

첼로 하나로 한국을 빛낸 그녀는 우리나라의 자랑이다. 그녀에게 공부만 강요하고 첼로를 치워버렸다면, 어떻게 되었을까. 그냥 평범한 삶을 살고 있을지도 모른다.

그런데 현명한 부모를 만나 자신의 재능을 살린 끝에 빛나는 인생을 살아가고 있다.

그러면 이에 대해 이렇게 말하는 부모들도 있을 것이다. 그건 뛰어난 재능이 있었기에 가능한 거라고. 물론 그럴 수 있다. 그러나 꼭 세계 최고가 되어야만 하는 것은 아니다. 아이가 행복하고 자신이 하는 일에 만족할 수 있다면 되는 게 아닌가. 그런데 왜 아이의 행복을 무시하고 "다 널 위해서 하는 거야."라는 말을 앞세워 아이들을 혹사하려 하는가.

"공부 때문에 미쳐 버리겠어!"

초등학생 아이들 입에서 나온 말이다. 요즘 초등학교 아이들 입에서 나오는 말치곤 너무 비관적이고 가슴을 먹먹하게 한다. 나는 이 말을 듣고 다들 정신을 차리지 않으면 정말 아이들이 미쳐 날뛰는 세상이 오지 않을까 심히 우려스러웠다.

누구나 행복하게 살 권리가 있다. 아이들의 인생은 아이들의 것이질 않는가. 자식을 낳았다고 해서 부모 맘대로 해도 된다는 생각을 버려야 한다. 그렇지 않는다면 아이가 불행해질 수 있다.

지금 거리에는 집을 나와 떠도는 십 대들로 가득하다.

물론 집을 나온 이유는 여러 가지겠으나 힘겨운 공부 때문에 나온 십 대들이 의외로 많다는 게 문제다.

아이들이 기본적인 생활을 하기 위해 아르바이트를 하고, 남의 것을 훔치고, 심지어는 성매매를 하면서 거리를 떠돌고 있다.

"요즘 청소년 문제가 아주 심각합니다. 앳된 아이들이 술에 취해 길을 떠돌며 윤락, 마약, 강도, 절도에 폭행까지 걷잡을 수 없을 정도입니다."

언젠가 시민단체 회원에게 들은 이야기이다. 그는 이에 대해 문제 있는 청소년 뒤엔 문제 있는 부모가 있다고 했다.

《유대인식 무릎 교육》이란 책을 내고 경인방송 초청으로 방송을 한 적이 있다. 그 후 분당에 사는 어떤 어머니로부터 한 통의 전화를 받았다. 그녀는 중학교 2학년 아들을 두었다고 했다. 그녀가 상담을 요청한 것이다. 그녀는 20분가량 자신의 고민을 털어놓았다. 다음은 그녀가 털어놓은 고민이다.

그녀 아이는 공부에는 관심이 없다고 했다. 아이가 하고 싶어하는 것은 작곡이라고 했다. 아이는 피아노, 기타를 잘 친다고 했다. 아이는 학원에 보내줄 돈으로 작곡 공부를 하게 해달라며 떼를 쓴다는 것이다. 그녀는 달래도 보고 으름장도 놓고 해볼 수 있는 것은 다 해봤는데도 아이의 고집을 꺾을 수 없다고 했다.

나는 그녀의 이야기를 듣고 말했다.

"아이가 원하는 것을 들어 주세요. 들어주되 아이가 열정을 다 바쳐 할 수 있는지를 아이와 약속을 하세요. 그리고 미션을 주는 겁니다. 작곡을 하되 만약을 위해 공부에도 관심을 가지는 조건이면 밀어주겠다고 하세요. 인생은 깁니다. 진정으로 내 아이의 행복을 바란다면 조급하게 생각하지 말고 아이를 지켜봐 주고 격려하고 칭찬해 주세요. 그러면 아이는 감사하게 여겨 엄마 말에 순종하고 열심히 하려고 할 겁니다."

그녀는 정말 그래도 되겠냐며 말했다. 그래서 나는 믿으라고 했다. 내 자식 내가 안 믿으면 누가 믿겠느냐고.

그녀는 감사한다며 전화를 끊었다.

지금 그 아이가 어떻게 하고 있는지는 모르겠지만, 예전보다 더 적극적으로 생활하지 않을까 싶다.

아이들도 자신을 믿어주면 잘하려고 한다. 난 그걸 믿는 것이다. 이처럼 말 할 수 있는 것은 난 내 아이에게 공부를 강요하지 않았기 때문이다. 아이들이 원하는 것을 하게 했다. 큰아이는 피아노를 전공했고, 작은 아이는 뮤지컬을 전공했다. 모두 자신들이 선택한 것이다. 아이들 인생은 아이들이 스스로 선택해야 한다는 생각에 의해서다.

아이들이 잘 살고, 무엇이 되고 하는 것은 아이들이 해야 할 문제다. 부모는 그저 아이들이 곁길로 가지 않도록 살피면 되는 것이다. 다시 말해 아이들의 인생을 감독하는 감독자가 아니라, 인생의 조언자가 되라는 것이다.

공부만 하라고 학원비 대주고, 잘 먹이고, 잘 입히는 것은 아이들을 미치게 한다는 것을 깊이 인식해야겠다.

공부 잘해서 잘 사는 사람들도 있지만, 자신이 하고 싶은 일을 함으로써 더 큰 행복을 느끼는 사람이 되어야 한다. 그런 삶은 힘들어도 행복하고 조금은 돈이 없어도 행복하다.

진정한 행복을 삶의 가치에서 찾게 해야 한다. 그리고 또 한 가지는 아이들에게 매달려 자신의 인생을 허비하지 말라는 것이다. 자신의 인생을 아이들에게만 올인 시킨다는 것은 아이들에게도 부담스러운 일이다.

내가 아는 어떤 어머니는 아이들이 대학을 나올 때까지 자신을 위한 시간은 일절 없었다. 오직 아이들에게만 자신을 맞추었다. 그녀를 아는 주변 사람들은 그녀의 헌신적인 모성애에 머리를 흔들 정도였다.

그러나 지금은 어떠한가. 아이들이 짝을 찾아 자신 곁을 떠나고 나자 그렇게 허무할 수가 없다고 했다. 그리고 어느 날 거울을 보는데 갑자기 웬 50대 여자가 자신을 보고 쓴웃음을 짓더라고 했다. 이게 지금의 내 모습인가, 생각하니 눈물만 줄줄 흘러나오더라고 했다.

그렇다. 아이들의 인생에 너무 깊이 관여하지 마라. 아이들이 원하는 것을 하게 하되, 격려하고 조언하는 현명한 부모가 되라. 아이들도 다 생각이 있고 꿈이 있고 미래를 생각한다.

아이의 인생은 아이에게 맡겨라.

후회할 일을 만들지 않기

젊었을 땐 인생을 몰라서, 삶이란 어떻게 사는 것이 잘 사는지를 몰라서 실수하고 객기를 부리고 남에게 상처를 주고 자신에게 상처 남기기를 예사로 한다. 그래놓고도 잘못을 잘 모른다. 그냥 작은 실수를 했다고 치부해 버리곤 한다.

그러나 젊다는 이유만으로 실수를 덮어줄 수는 없는 게 삶의 룰이다. 실수를 덮어주는 것은 앞으로 또 실수해도 좋다고 묵인하는 것과 같다. 그렇다. 젊다는 것은 피가 뜨겁다는 것, 살아갈 날이 살아온 날보다 아직은 더 많다는 것, 그래서 하고 싶은 일도 더 많고 꿈도 더 크다는 것을 의미하는 것이지 실수를 해도 좋다는 것은 아니다.

나이가 들어간다는 것은 후회할 일을 좁혀가는 것이다. 즉 실수를 줄이고 보다 넉넉한 마음과 자세를 갖고 삶을 살아가는 것을 말한다. 실수를 줄이게 되면 그만큼 후회도 적어지는 법이다.

"산다는 것은 죽는 것이다. 옳게 산다는 것은 옳게 죽는다는 것이다. 그러므로 옳게 죽기 위해서 노력하지 않으면 안 된다."

레프 톨스토이Lev Tolstoy가 한 말이다. 톨스토이는 러시아 문학을 최고의 가치로 끌어올린 대표적인 러시아의 국민작가이다. 그의 대표작인 《전쟁과 평화》, 《안나 카레니나》, 《부활》은 그를 위대한 작가로 만든 독보적인 작품이다. 그뿐만 아니라 그는 러시아 귀족으로서 어마어마한 저택과 방대한 땅을 가진 부호였음에도 불구하고, 서민들을 사랑하고 없는 자들을 위해 후원하고 봉사하는 겸허한 마음으로 살았다. 그는 철저한 인본주의를 추구했으며, 그 배경에는 하나님에 대한 깊은 믿음이 있었다. 톨스토이의 이러한 삶은 많은 사람에게 깊은 감명을 주었고, 지금도 러시아 국민들은 그를 자랑스러워하고 높이 받들어 존경한다.

톨스토이는 옳게 죽기 위해서는 노력하지 않으면 안 된다고 말했다. 옳게 죽는다는 것은 다소 역설적이지만 그만큼 옳게 잘 살아야 한다는 것을 말한다. 이를 좀 더 구체적으로 말한다면 '후회를 남기지 않는 삶'을 살아야 한다는 뜻이다. 만일 톨스토이가 이런 사상과 철학을 지니지 않았다면 소설가로서 성공했을지는 몰라도, 수많은 사람들로부터 두고두고 존경받는 인생이 되지는 못했을 것이다.

《아침이 행복해지는 책》을 내고 난지 두 달이 채 안 되어 한 통의 전화를 받았다. 전화를 한 사람은 마흔한 살의 남자였다.

그는 청소년 시절 가족의 불화로 마음을 잡지 못하고, 싸움을 일삼으며 지냈다고 했다. 그 여파로 고등학교도 마치지 못했다. 그는 소년원으로 교도소로 전전하며 푸른 청춘을 날려버렸다고 했다. 다행히도 그는 신앙을 갖게 되었고, 좋은 여자를 만나 행복한 날을 보냈다. 그러나 욱하는 성격을 참지 못하고 여자와의 약속을 잊고 사람을 폭행하여 또다시 교도소에 수감되었다. 그러는 가운데 시간은 흘러 출소했지만 그가 사랑했던 여자는 이미 그를 떠난 뒤였다.

그는 절망감에 빠져 자신의 못남을 후회하며 보냈다. 그러다 우연히 《아침이 행복해지는 책》을 보고 전화를 했다는 것이다. 어쩌면 자신의 꼬인 삶을 풀 수 있는 해법을 찾을지도 모른다는 생각에서 말이다.

나는 그의 얘기를 듣고 이렇게 말했다.

"사람은 누구나 실수를 합니다. 그러나 어떤 사람은 실수를 통해 삶을 진실하게 살려고 노력하는데, 어떤 사람은 똑같은 실수를 반복하지요. 같은 실수를 반복하는 것은 자신에 대한 확신이 약해서입니다. 지난날 잘못은 잊으십시오. 마음에서 파내 버리세요. 현재만 생각하고, 미래를 생각하세요. 미래에 웃는 나와 울고 있는 나를 생각해보세요. 울고 있는 나를 생각하면 생각만으로도 마음이 아플 겁니다. 하지만 웃는 모습은 생각만으로도 기분이 좋을 겁니다. 지금을 열심히 사세요. 쓸쓸했던 지난날을 보상받아야 하지 않겠습니까? 그 보상은 누가 해주지 않습니다. 스스로가 자신에게 보상을 하는 겁니다. 자신을 사랑하고 아끼세요. 나는 소중한 사람이라고 늘 생각하세요. 오늘 나에게 전화를 한 것은 참 잘한 겁니다. 행운을 빌겠습니다."

그는 나와 이야기하면서 지금껏 자신을 스스로 학대했다고 했다. 그리고 하는 말이 이제부터라도 자신을 사랑하고 아끼겠다고 했다. 그리고 나중에 자신에게 만족하게 되면 꼭 찾아오겠다고 했다. 나는 진심으로 그의 앞날을 위해 기도해 주었다.

"자제할 수 있다는 것은 자신을 컨트롤할 수 있다는 것이다. 자신의 가슴 속에 깃들어 있는 욕망을 스스로 제어한다는 것이다. 욕망이 이끄는 대로 끌려가지 않고 자신의 행동을 확고히 지배하는 주인이 되는 것이다."

프리드리히 니체의 말이다. 이는 욕망이 이끄는 대로 끌려가지 않고 자신의 행동을 스스로 지배한다는 것을 의미한다.

후회하는 일의 대부분은 크든 작든 상대방-아내든 직장 동료든 친구든 자신과 관계되는 모든 사람-은 안중에도 없고 자신이 원하는 대로 하는 데에서 비롯된다. 모든 후회의 원인은 자신에게 달린 것이다.

언젠가 죽음을 앞둔 사람들에게 무엇이 가장 후회가 되느냐고 물었더니, 사소한 일에도 배려하지 못하고 상대방의 마음을 아프게 한 일이라고 했다는 이야기를 들은 적이 있다. 또한 칠십이 넘은 어르신들에게 같은 질문을 했더니, 가부장적인 태도로 아내를 배려하지 못하고 따뜻하게 대해주지 못한 일이라고 했다고 한다.

이렇듯 후회를 남기는 일은 두고두고 후회하게 만든다. 그런데도 대다수의 사람은 그것을 잊고 산다는 것이다. 나이가 들수록 후회하는 일들을 만들지 말아야 한다며 나는 스스로 말한다. 후회하는 일이 나를 아프게 하고 상대방에게 상처를 준다는 것을 너무나 잘 아는 까닭이다.

또한 점점 세상과 이별하는 시간이 가까워진다 생각하니, 하루하루의 삶의 무게가 예전과는 다르게 느껴진다. 과거엔 하루를 헛되이 살면 그 하루로 끝났지만, 지금은 하루를 헛되이 살면 일주일을 아니 한 달을 아니 일 년을 잘 못 살 것처럼 여겨진다. 그래서 마음을 다잡게 되고, 나를 돌아보게 된다.

50대를 지나 이제 막 60대에 들고 나니 시간이 너무 빠르게 지나감을 느낀다. 40대 때는 느끼지 못한 세월의 속도이다.

세월은 인간을 이해하지 못한다. 다만 자연법칙에 따라 흘러갈 뿐이다. 더 늦기 전에 좀 더 잘 살아야겠다.

CHAPTER 4

하루에 한 번은 반드시 시로를 칭찬하기

자신을 사랑하고 자신을 격려하기

행복은 인생의 카타르시스다. 우리는 누구나 행복의 알피니스트가 되어야 하고, 행복해지기 위해서는 자신을 사랑하고 존중해야 한다.

나는 예전에 글쓰기 강의를 하면서 '행복'이란 주제로 강의를 한 적이 있다. 그때 수강생들에게 행복의 척도를 알아보기 위해 '나는 지금 행복한가?' 라는 질문을 했었다. 그 결과 자신이 행복하다고 한 사람들보다 그렇지 않다고 말하는 쪽이 더 많았다.

그런데 그 둘 사이에는 분명한 특징이 있었다. 자신이 행복하다고 말한 사람들은 자신에 대한 애착이 많았다. 즉 자신을 소중한 존재라고 여겨 자신을 사랑하는 마음이 남달랐다. 하지만 자신이 불행하다고 말한 사람들은 자신에 대한 애착, 즉 자신에 대한 사랑이 부족했다. 자기가 자신을 어떻게 대하느냐 하는 것은 이처럼 큰 차이를 보인다.

수강생 중 J가 있었다. 그녀는 강의를 들으러 올 때마다 매번 옷이며 머리 모양을 바꿨다. 그녀는 자신을 가꾸지 않는 것은 자신에 대한 모독이라고 했다. 자신이 자신을 아끼지 않으면 누가 아끼겠냐는 말이다. 어떻게 보면 철저하도록 자기중심적으로 보이지만 매우 그럴듯한 논리이다.

그리고 그녀는 자신을 위한 품위 유지비를 책정했다고 했다. 직장에서 직급에 맞게 책정한 돈이라는 뜻의 품위 유지비. 처음 그 얘기를 들었을 때 함께 있던 수강생들은 아리송한 표정이 역력했다. 그녀는 자신의 말에 이해를 돕기라도 하듯 품위 유지비는 즉 자기 용돈이며, 자신의 품위를 유지하기 위함이라는 명목으로 붙인 이름이라고 설명했다.

용돈을 품위 유지비라고 칭하니 훨씬 더 가치 있게 들렸다. 그제야 사람들은 고개를 끄덕이며 '역시 센스쟁이는 다르구나.'하고 납득했다.

그녀는 좋은 영화가 있으면 영화를 보고, 서점에서 보고 싶은 책이 있으면 사고, 좋은 음악 CD가 있으면 사는 등 자신만의 시간을 철저히 즐겼다. 그것이 그녀의 행복이라는 것이다.

그녀가 그런 원칙을 세우고 실행에 옮기기 전엔 성격 차이로 남편과의 갈등이 심했다고 했다. 그러다 보니 '내가 왜 살지?' 하는 삶의 의미조차 점점 희미해져 가면서 짜증만 나고 자신이 한없이 불행하게 생각되었다는 것이다.

그러던 어느 날 '나는 가장 소중한 사람, 스스로 자신을 칭찬하고 사랑하라'라는 문구를 보게 된 것이다. 그 문구를 본 순간 '그래, 이제부터 나는 나를 사는 거야'라는 생각이 가슴을 파고들었다. 그래서 자기 생각을 남편에게 말했더니, 그동안의 갈등으로 지친 남편도 그러라고 했단다. 그리고 그때부터 자신을 맘껏 사랑하고 격려하며 자신을 스스로 위한다고 했다.

나는 그녀의 말을 듣고 '참 현명한 여사구나.'라고 생각했다. 자칫 불행으로 치달을 수 있는 상황에서 자신만의 행복 찾기 해법을 찾은 것이다. 그 후 남편과의 갈등도 해소되고 사이가 꽤 돈독해졌다고 했다. 그녀는 자신을 사랑하는 법을 알게 된 것이다.

자신을 사랑하고 존중하면 자신이 매우 소중하게 생각되어 자신에게 함부로 할 수 없다. 그래서 매사에 자신을 돋보이게 하는 것이다. 돈이 많지 않아도 자신만의 사랑법을 찾으면 된다.

다음은 자기를 사랑하지 못해 불행하게 된 경우이다.

언젠가 잘 알고 지내는 의사 K에게 들은 얘기다. 그의 지인 중 S라는 여자가 있는데 그녀의 남편은 종합병원 내과 의사다. 그녀에겐 고등학교 2학년인 아들과 초등학교 6학년인 아들이 있다. 남편은 그녀보다 세 살 연하라고 했다. 문제는 그녀와 남편의 갈등이 매우 심각하다는 데 있었다. 갈등의 원인은 그녀가 말수가 적은 데다가 꾸미지도 않고 애교도 없는 누나 같은 아내라는 것이다. 그러니까 아내에게 끌림이 없었다. 더구나 아내와의 결혼도 아버지의 강권에 못 이겨서 했으니 더더욱 정이 가지 않았던 것이다.

남편은 아버지가 살아계실 때는 아버지가 두려워 살 붙이고 살았지만, 아버지가 세상을 떠나고 나자 자신의 의도를 드러내 아내와 각방을 쓰기 시작했다.

그런데도 그녀는 자신의 무엇이 문제인지조차 몰랐다. 매일 변화 없는 헤어스타일, 옷, 무뚝뚝함은 같은 여자가 봐도 싫증 나는 스타일이었다고 했다. 그러다 보니 남편과 다툼이 잦아졌고 골은 점점 더 깊어져 심각할 정도에 이르렀다.

결국 남편에겐 새로운 여자가 생겼고 S와는 이혼을 했다고 한다. 자신을 사랑하고 아끼는 마음을 갖고, 새로운 변화를 시도했더라면 불행하게 끝나지는 않았을 것이다.

“행복이란 스스로 만족하는 데 있다. 남보다 나은 점에서 행복을 구한다면 영원히 행복하지 못할 것이다. 왜냐하면 누구든지 남보다 한두 가지 나은 점이 있지만, 열 가지가 남보다 뛰어날 수는 없는 것이다. 그러기 때문에 행복이란 남과 비교해서 찾아서는 안 된다. 스스로 만족할 수 있는 것이 중요하다."

이는 프랑스 철학자이자 비평가인 알랭Alain의 말이다. 참으로 올바른 지적이 아닐 수 없다. 행복은 누가 만들어주는 것이 아니다. 또한 남보다 나은 것에서 행복을 구한다면 행복은 오지 않는다. 설령 오더라도 그리 길게 가지는 못한다. 남이 만들어 주는 행복은 한계가 있기 때문이다.

J의 경우는 자신이 자신을 사랑하고 격려했기에 남편과의 갈등을 극복하고 넘치는 행복을 느끼며 살지만, S는 자신을 사랑하지도 격려하지도 않았기에 이별의 아픔을 겪어야만 했던 것이다.

자신의 행복은 스스로 만드는 것이다. 자신이 누군가로부터 사랑을 받든, 칭찬을 받든, 그 모든 행복은 자신이 스스로 만드는 데 있다. 나이가 들어갈수록 더욱 행복해져야 한다. 가능하면 매 순간 행복을 느끼며 살아야 한다. 그만큼 행복하게 살 날이 점점 짧아지기 때문이다.

40대를 즐겁고 슬기롭게 보내야 한다. 그리하면 50대를 기쁘게 맞이할 수 있다.

더 많이 행복하고 더 많이 감사하라.

마음의 충전, 여행

여행 싫어하는 사람은 별로 없다. 여행은 누구나 하고 싶어 하는 일 중 하나다. 낯선 곳으로 떠나는 여행은 그 자체만으로도 가슴을 설레게 한다. 그래서 여행을 자주 다니는 사람들을 보면 생각이 새롭고, 마음 또한 넉넉하다. 여행을 통해 깨달은 것이 많기 때문이다.

이렇듯 여행은 새로운 깨달음을 주고 새로운 삶을 발견하게 하는 최적의 요소이다.

시인이나 작가들이 여행을 글 쓰는 것 이상으로 좋아하는 것은 여행 자체가 시가 되고, 소설이 되고, 에세이가 되고, 동화가 되고, 동시가 되기 때문이다.

나 또한 여행을 무척이나 좋아한다. 여럿이 가는 것도 좋아하지만 혼자 가는 것을 더 좋아한다. 여럿이 가는 것은 당일 코스로는 좋다. 하루 동안 생활 속에서 찌든 몸과 마음을 탁 털어버리고 오기 좋기 때문이다. 하지만 혼자 가는 여행은 사색적인 여행이므로 글의 소재를 찾기에 좋고, 마음의 키를 키우고, 생각의 깊이를 더하는 데 딱 맞다. 또한 누구에게도 구애받지 않아 몸과 마음이 자유롭다. 그래서 나는 혼자 떠나는 여행을 참 좋아한다. 그러나 대다수의 사람은 선뜻 나서지 못한다. 먹고 사는 일에 매여 짬이 없기 때문이다. 또 아이들이 있다 보니 아침 해 먹이고 등교시키고 뒷바라지하는 등 여유가 없다. 그러다 보니 언감생심 여행은 꿈도 못 꾸는 것이다.

하지만 마음을 조금만 고쳐먹으면 얼마든지 가능하다.

먹고 사는 일에 매여 짬이 없어도 틈새는 있는 법이다. 더구나 주 5일 근무로 인해 과거와 비교해 삶의 여건이 많이 좋아졌다. 그러니 여행을 하지 못할 이유가 그만큼 줄어든 것이다. 그런데도 여행을 떠나지 못하는 것은 그 시간에 다른 일을 하기 때문이다. 골프를 치거나 낚시를 가거나 잠으로 때우거나 아니면 다른 여타의 일로 시간을 보낸다.

여행은 1박 2일도 좋고, 가끔 저녁 늦게 떠났다 다음 날 돌아와도 좋다.

내 후배인 K의 여행 스타일이다.

그에겐 중학생 아들과 고등학생인 딸아이가 있다. 그런데도 그들 부부는 한 달에 한 번은 반드시 여행을 즐긴다. 이에 대해 학교 다니는 아이들 놔두고 참 맘도 편하겠다고 여기는 이들도 있을 것이다. 그러나 그 역시 마음먹기에 달린 것이다.

이들 부부는 아이들이 부모의 여행을 자연스럽게 받아들이도록 했다. 그들이 여행을 떠나 있는 동안 먹을 수 있는 밑반찬을 해놓고, 아이들에게 할 일을 각자 분담하게 했다. 그랬더니 아이들이 의외로 잘하더라는 것이다.

대개의 부모는 자신들이 잠시라도 집을 비우면 안 되는 것처럼 여긴다. 아이들이 염려스럽기 때문인데 시키지 않아서 그렇지 습관만 되면 아이들은 아주 잘한다.

K 부부는 이런 점을 잘 활용했던 것이다. 그들 부부가 여행을 다니고 나서 아이들의 독립심과 책임감이 더 강해졌다.

K 부부는 1박 2일을 원칙으로 해서 다녀온다. 그들이 그동안 다닌 곳만 해도 50군데가 넘는다. 어쩌다 여행을 떠나지 못하게 될 땐 저녁 늦게 무박으로 다녀오기도 한다. 이들은 둘만의 여행을 통해 부부의 정이 더 두터워졌다. 그것은 남편은 아내에 대해, 아내는 남편에 대해 이해심이 좋아졌기 때문이다.

오래전 TV에서 본 이야기이다.

가수 U는 저녁 늦게라도 부부 중 누가 떠나자고 말하면 즉시 떠난다고 한다. 그곳이 강릉 경포대든, 아니면 다른 여타의 곳이라 하더라도 즉시 행동에 옮긴다는 것이다.

나는 그들 부부를 보며 참 멋지게 사는구나 하고 생각했다. 그 후 나도 그들 부부처럼 시도하였다. 떠나고 싶을 땐 무조건 떠났다. 저녁 늦게 떠났다 다음 날 낮에 돌아와도 참 좋았다.

시도하지 않으면 아무것도 할 수 없다.

그런데도 시도조차 하지 않는 사람들이 참 많다. 어떻게 시도도 안 해보고 좋으니 나쁘니 말할 수 있으며 그 참 기쁨을 알 수 있단 말인가.

1박 2일이든 무박이든 아니면 2박 3일이든 여행을 떠나고 싶으면 습관화하라. 아이들에게도 하루 이틀쯤 혼자 지내는 법을 가르치면 아이들도 무척 좋아한다. 엄마 아빠의 그늘에서 벗어나 혼자만의 시간을 갖고 즐거워한다. 물론 아이들 중엔 무절제하게 게임을 하고, 해서는 안 될 일에 호기심을 갖기도 하지만 상황에 맞게 잘 대처한다면 충분히 가능하다. 즉 부부가 아이에게 맞게 습관을 들이면 되는 것이다.

50대, 60대에게 지금 가장 해보고 싶은 것이 무어냐고 묻는다면 여행을 하고 싶다는 이들이 많다고 한다.

이들 세대가 여행을 하고 싶어 하는 것은 30~40대 때 여행을 별로 못했기 때문이다. 40대의 시기는 가정에서도 직장에서도 가장 중추적인 역할을 하는 위치에 있으므로 맘 편히 여행한다는 것은 스스로가 생각해도 할 수 없는 일로 여기는 것이다. 하지만 그런 생각의 고리에서 벗어나야 한다. 앞에서도 말했지만 하지 않아서 못하는 것이다. 여행은 지친 마음을 회복시키는 또 다른 일상이다. 그런데 그것을 스스로 차단해버리기에 못하는 것일 뿐이다.

마음이 답답하면 술 먹지 말고 무조건 떠나라. 새로운 일을 구상하거나 새로운 사업을 구상할 때는 집을 벗어나라. 반성하거나 자신을 점검해야 할 일이 생기면 하루쯤 길을 나서라.

낯선 곳에서의 하루는 삶의 에너지를 충전시키는 좋은 충전법이다. 여행을 놀고 즐기는 것쯤으로 생각하지 말아야 한다. 여행은 자신을 더욱더 단단하게 동여매어 줌으로써 보다 완성된 삶을 살아가게 하는 참 좋은 삶의 요소이다.

언제나 낙관하고 긍정하기

나이가 들면 점점 삶에 대해, 스스로에 대해 자신감이 떨어진다. 아래에선 젊고 능력 있는 후배들이 치고 올라오고, 위에서는 내리 조이고 하니 그 누군들 마음 편히 지낼 수 있을까. 정년퇴임이란 개념은 사라진 지 이미 오래고, 일 년이든 이 년이든 조금이라도 더 직장생활을 했으면 하고 바라는 게 고작이다. 명예퇴직이니 하는 것도 말이 좋아서 명퇴지, 그럴듯하게 포장해서 잘라버리는 것이다. 이런 풍토에서의 직장 생활은 가시방석이나 다름없다. 이런 풍토에서도 자신감이 떨어지지 않는다는 것은 대단한 심장을 가진 사람이나 할 수 있다.

그러나 이런 강심장을 가진 사람은 극히 드물다. 이러하니 자연히 패배감에 사로잡히게 되고, 술집 한 귀퉁이에 쪼그려 앉아 세월이 뭐 같다는 둥 하면서 신세 한탄을 해댄다.

충분히 이해가 가는 일이다. 하지만 그렇다고 해서 달라지는 것은 없다. 오히려 자신이 한심하고 비참한 생각에 물들게 된다. 언제나 패배감에 사로잡혀서는 안 된다. 절망 끝에서도 희망은 있는 법이다. 그러니까 낙관하고 긍정해야 한다.

오늘의 한국 경제를 이루는 데 있어 가장 핵심적인 역할을 했던 정주영.

그는 찢어지게 가난한 농부의 아들로 태어나 맨주먹으로 현대그룹을 이뤄낸 신화와 같은 존재다. 한국 경제는 그를 빼놓고 말할 수 없다. 그는 그만큼 독보적인 경제인이며 경영인이었다.

그가 가장 싫어하는 말은 'NO!'라는 말이다. 그래서 그는 'NO'라고 말하는 직원을 가장 싫어했다. 그런 사람이 있는 한 될 일도 안 된다는 것이 그의 생각이기 때문이다.

허허벌판인 미포 만에 조선소를 세운 일화는 너무도 유명하다.

그는 조선소를 세우기 위해 무작정 영국으로 날아가 차관을 얻어냈다. 아무것도 없는 그였지만 그의 확신에 찬 의지를 보고 돈을 빌려주었던 것이다. 그에게는 못할 것이 없었다. 생각한 것은 즉시 실행에 옮기는 그의 저돌적인 의지 앞에 '불가능의 모드'는 '가능의 모드'로 전환되었고, 그래서 그가 추진하는 모든 것은 한 번도 실패로 끝난 적이 없다. 그만큼 그는 투철했고 개혁적인 인물이었다.

할 수 있다는 마음을 갖고 행하는 일은 실패할 확률이 낮다. 수많은 실패에도 낙담하지 않고, 끝까지 하는 힘을 보이면 반드시 좋은 결과를 이룰 수 있다.

미국 프로 골프(PGA) 투어에서 355번의 도전 끝에 우승을 한 사람이 있어 화제다. 그는 1998년부터 2011년 6월까지 13년 6개월 동안 한 번도 우승을 한 적이 없었다.

그런 그가 드디어 우승을 한 것이다. 2011년 6월 12일 미국 테네시주 멤피스의 사우스윈드 토너먼트 플레이어스 코스에서 열린 페덱스 세인트 주드 클래식에서 연장 세 번째 홀에서 우승을 일궈냈다.

그의 이름은 미국 출신 골퍼인 해리슨 프레이저이다. 그는 40을 넘긴 나이에 비로소 우승을 일궈낸 것이다. 생각해보라. 나이 40이 되도록 우승 한 번 못한 그에게 우승의 의미가 어떠했겠는지를.

나는 그의 집념에 크게 감동했다. 말이 355번이지 그 많은 패배 끝에도 포기하지 않고 도전했다는 것은 그 자체만으로도 그는 이미 인생의 우승자였던 것이다.

잘 아는 사람 중에 Y가 있다. 그는 마흔네 살 때인 3년 전에 명퇴를 당하고 말았다. 그의 상실감은 매우 심각했다. 하지만 그는 슬기롭게 상실감을 떨치고 새로운 사업을 구상하였다. 사전 조사를 마치고 차근차근 준비한 끝에 드디어 사업장을 오픈하였다. 그는 자동차와 관련된 일을 했던 관계로 카센터를 열었다.

그는 친절과 성실을 모토로 하여 고객들을 성심성의껏 대했다. 그의 친절함과 성실함은 고객들에게 그를 진정성 있는 사람으로 인식시켰다. 그 결과 오픈한지 일 년 만에 확실하게 자리를 잡을 수 있었다.

만일 그가 패배감에 사로잡혀 술이나 퍼 마시고 엉뚱한 생각을 했다면 어떻게 되었을까. 그것은 상상만으로도 가슴이 저려온다.

40대는 무엇이든지 할 수 있는 시기이다. 그것을 프레이저가 확실하게 보여주었고, Y가 보여준 것이다.

"99번 시도하고 실패했으나 100번째에 성공이 찾아왔다."

이는 20세기 최고의 물리학자인 알베르트 아인슈타인의 말이다. 세계 역사상 최고의 천재라는 그도 실패를 했고, 그 실패를 딛고 승리할 수 있었던 것이다.

"내게 있어 승자란 신이 부여한 재능을 인정하고, 그것을 기술로 발전시키기 위해 무한한 노력을 기울이며, 그렇게 얻은 기술을 목표달성에 활용하는 자이다. 나는 패배했을 때조차도 나의 약점이 무엇인지 배웠으며 다음 날 그 약점을 장점으로 전환시키기 위해 노력을 다했다."

미국의 농구 선수인 래리 버드Larry Bird의 말이다. 패배했을 때에도 실망하지 않고 자신의 약점을 극복하기 위해 노력했다는 것을 알 수 있다.

지금 우리 사회는 젊은 명퇴자들이 수없이 쏟아져 나온다. 그런데 문제는 그들 대부분이 자신을 패배자로 믿고 있다는 것이다. 이런 생각의 굴레에서 하루빨리 빠져나와야 한다. 그렇지 않으면 자신이 불행해지는 것은 물론 가족 모두가 불행의 늪에 빠질 수 있다.

아인슈타인과 래리 버드가 그랬던 것처럼 패배감에 물들지 말아야 한다. 패배는 또 다른 성공으로 가기 위한 기회라는 말처럼 낙관하고 긍정하는 마음으로 자신과 싸워 이겨야 한다.

자신을 이기는 자만이 인생 2막을 기쁨으로 열어 갈 수 있는 것이다.

일주일에 한 번은 온 가족이 함께 하기

우리나라 40대들은 가장 바쁜 삶을 보낸다. 직장에서 위로는 상사를 보좌하고 아래로는 부하직원들을 관리하는 중간 간부의 역할을 해야 하기 때문이다. 40대란 나이는 인생의 중간지점이며 직장과 사회에서 중간의 위치를 차지하는 중요한 시기이다.

가정적으로 아이들은 대개 중학교에 다닐 나이이고 가족 모두가 바쁜 시간을 보낸다. 그러다 보니 가족 모두가 함께하는 시간이 부족하다.

그래서인지 몰라도 가정적으로 가장 많은 문제가 발생한다. 부부간에는 트러블로 인해 이혼의 위기를 겪기도 하고, 이혼율도 가장 높은 시기이다. 또한 아이들도 사춘기를 보내느라 예민해서 항상 긴장된 상태를 보내곤 한다. 이것이 우리나라 40대 가장에게 주어진 삶의 모습이다.

이처럼 40대를 보내고 50~60대에 이르고 나면, 가장 후회되는 것 중 하나가 가족이 함께 시간을 보내지 못한 아쉬움이다.

친지인 M에 관한 이야기이다.

M은 굴지의 기업 지역 본부장으로 있다. 그는 40대에 차장으로 부장으로 가장 바쁜 나날을 보냈다. M은 자신에게 주어진 업무에 관한 한 한시도 소홀히 하는 적이 없었다. 그날 주어진 일은 어떻게 해서라도 마무리를 짓고 넘어가는 스타일이다. 그러다 보니 퇴근 시간에 맞춰 퇴근하는 경우가 극히 드물었다. 게다가 아래 직원들과 어울려 친화를 도모하다 보면 늘 11시가 넘어서야 지친 몸을 이끌고 퇴근했다. 그러다 보니 아내와 자식들의 불만이 이만저만이 아니었다.

"당신 좀 일찍 퇴근하면 안 돼요?"

어느 날 참다못한 그의 아내가 말했다.

"잘 알면서 왜 그래."

M은 짜증스럽게 말했다.

"당신만 직장 생활 하는 거 아니잖아요. 애들 생각도 좀 해요."

“나도 힘들어. 그러니 이해 좀 해줘.”

“이해도 이해 나름이지요. 애들이 뭐라고 하는지 알아요?”

“뭐라고 하는데?”

“아빠는 거짓말쟁이라는 거예요.”

“그거야 당신이 잘 이해를 시키면 되잖아.”

“나도 이제 지쳤어요. 맘대로 해요.”

“나 참, 나가나 들어오나 마음 편한 곳이 없네.”

M은 자신의 상황만 이해해 달라고 요구했고 그의 아내는 M의 태도에 분노했다. 한 번쯤은 “그래, 알았어. 미안해.”라고 말할 줄 알았는데 그게 아니니 화가 났던 것이다.

그 후 둘 사이엔 냉기가 흘렀다. 그는 아내와 아이들에게 철저하게 소외되었다.

그러던 어느 날 그의 아내가 별거를 요구했다.

“별거라니? 안 돼.”

“왜 안 되는데요?”

“말이 되는 소리를 해!”

“당신이 안 한다고 해도 나는 할 거니까 그렇게 알아요.”

그의 아내는 이렇게 쏘아붙이고는 세를 주었던 세입자를 내보내고 아이들을 데리고 집을 나갔다. 그에겐 아파트가 두 채 있었다. 그렇게 보낸 지 2년이 지난 12월 어느 날 밤 M은 생각했다. 이번 인사 때 이사로의 승진을 기대했는데 그는 탈락하고 라이벌인

동기가 승진한 것이다. 더구나 동기는 자신처럼 가족으로부터 따돌림을 당해가면서까지 회사에 헌신한 것도 아니었다. 그는 제시간에 딱딱 퇴근하고 휴일엔 가족들과 함께 시간을 보냈다. 그런데 그런 그가 자신을 제치고 승진했다는 것은 M으로서는 용납할 수 없었다.

"이건 불공평해! 내가 그동안 어떻게 지내왔는데……."

M의 눈에서는 굵은 눈물이 주르르 흘러내렸다. 그리고 아내와 두 아이의 얼굴을 떠올렸다.

"여보! 민호야, 경호야!"

그는 가족에 대한 깊은 그리움에 몸부림을 쳤다. 그동안 가족과 생이별을 하면서까지 지내온 것이 후회되었다. 그리고 그제야 자신에겐 가족이 더 소중한 존재라는 걸 깨달은 것이다.

그는 다음 날 퇴근 후 레스토랑에서 가족과 마주했다. 그가 먼저 아내에게 만남을 제의한 것이다.

"여보, 그동안 미안했어. 용서해 줘."

그는 다짜고짜 사과부터 했다.

"……."

아내가 말없이 그를 쳐다보았다.

"당신과 애들이 가장 소중하다는 걸 알았어. 내가 잘못했어."

"그 말 진심이에요?"

"그럼, 진심이고말고. 우리 이제부터라도 그동안 함께 하지 못했던 시간 맘껏 보내자."

"아빠, 저, 정말이지요?"

큰애가 반색하며 말했다.

"그럼. 정말이고말고."

"좋아요. 우리 다시 시작해요. 하지만 약속이행이 안 될 땐, 당신하고 나하고 한 길로 갈 수 없다는 거 명심하세요."

"그, 그래. 그럴게."

그들 가족은 참으로 오랜만에 가족의 끈끈한 정을 나누었다. 그날 이후 M은 가족이라면 끔뻑 죽는시늉까지 한다. 이듬해 그는 이사로 승진해 지역 본부장으로 행복한 나날을 보내고 있다.

M이 가정이 해체되는 위기에서 다시 행복을 찾게 된 것은 가족의 소중함을 알고 잘못된 자기 생각을 바꾸었다는 데 있다. 그는 자신이 남보다 하루라도 더 빨리 승진하는 것이야말로 자신에게나 가족에게 행복한 일이라고 여겼던 것이다. 그런데 가족의 생각은 그렇지 않았다. 지금 함께 행복을 누리며 사는 게 최선이라고 생각했다. M이 그 사실을 깨닫고 그동안의 생각을 바꾸었던 것이 행복을 찾는 열쇠가 되었다.

"사람은 누구나 혼자서는 행복한 생활을 유지할 수 없다. 그래서 아무리 불안에 처해 있다고 해도 마음의 평안과 안정을 찾을 수 있기 때문에 결혼을 하는 것이다."

이는 요한 볼프강 폰 괴테의 말이다.

괴테의 말을 보더라도 혼자보다는 둘이 함께할 때 더욱 행복하다는 것을 알 수 있다.

"남편의 사랑이 지극할 때 아내의 소망은 작다. 남편은 그저 다정스럽게 바라만 보아도 아내는 그것으로 만족한다."

러시아의 단편 소설가이자 극작가인 안톤 체호프의 말이다.

함께 하는 것만으로도, 다정스러운 눈길로 바라만 보아도 행복한 것이 부부이며 가족이다. 괴테와 체호프의 말을 보더라도 가정을 이루고 사는 것은 인간이 누리는 가장 행복한 일이라는 걸 알 수 있다.

40대란 인생에 있어 가장 중요한 시기인 만큼은 분명하다. 하지만 그러기에 가정을 소홀히 하는 경우가 많은 시기이기도 하다. 한 가지 명심할 것은 가족에게 절대 소홀히 해서는 안 된다는 거다.

가정을 잃어버린 사람들은 말한다.

"가정은 가장 행복한 곳입니다. 그리고 가족은 가장 사랑스러운 사람들입니다."

이 말을 가슴 깊이 새겨 가족을 사랑하고 사랑하라.

하루에 한 번은 반드시 서로를 칭찬하기

인생을 절반쯤 넘기다 보면 삶이 그토록 소중하게 다가올 수가 없다. 하루하루를 건강하게 사는 것도 고맙고, 좋아하는 사람들을 매일 만날 수 있는 것도 고맙고, 푸른 하늘을 맘껏 볼 수 있는 것도 고맙고, 젊었을 땐 당연하게 여겼던 것들이 새삼 고마울 뿐이다.

고마운 마음을 가슴에 차곡차곡 쌓아간다는 것은 삶을 좀 더 아름답게 살 수 있는 나이가 되었다는 의미이다.

그런데 아직도 삶에 대해 투정을 부리고 불만족스럽게 생각한다면, 좀 더 너그러운 마음을 품고 사람들을 대하고 세상을 바라보는 시각을 가져야 한다. 그런 시각을 기를 수 있는 가장 좋은 방법을 상대방의 좋은 점을 칭찬하는 것이다.

칭찬을 하면 칭찬받는 상대방도 좋고, 무엇보다 칭찬하는 자신이 더 흡족한 마음이 든다. 칭찬은 너그러운 마음에서 오고, 여유로운 마음에서 오는 기쁨의 요소이다. 그래서 칭찬을 잘하는 사람은 생각이 젊고, 동년배보다 더 젊어 보인다. 칭찬의 에너지가 상대방뿐만 아니라 자신에게도 활력을 불어넣어 주기 때문이다.

보험팀장 P가 있다. 그녀는 매우 열정적인 커리어우먼이다. 흔히 하는 말로 외모가 뛰어난 여성을 보고 눈이 부시다는 표현을 한다. 그런데 그녀의 외모는 수수하다. 하지만 그녀에겐 빛이 난다. 그녀에게 빛이 나는 것은 그녀가 지닌 엄청난 에너지 때문이다.

우선 그녀는 사람을 다룰 줄 아는 능력을 갖추었다. 처음 본 사람도 그녀와 몇 마디 얘기를 하다 보면 금방 빨려 들어간다. 그렇다고 그녀가 특별히 화술이 뛰어난 것은 아니다. 그녀의 넉넉하고 여유로운 마음에서 오는 품격이 상대방을 압도하기 때문이다. 마치 오래전부터 친하게 지내오는 언니나 누나처럼 사람을 편안하게 한다.

또 한 가지는 사람을 기분 좋게 하는 칭찬을 잘한다. 그녀는 하루에 한 번은 반드시 자신이 만나는 사람마다 좋은 점을 찾아 칭찬해 준다.

"이미숙 씨, 오늘 블라우스 참 멋진데. 역시 자기는 센스가 있어."

"김미라 씨, 역시 김미라 씨는 우리 팀의 다이아몬드야."

이렇게 칭찬하는 데 좋아하지 않을 사람이 없다.

칭찬은 돈 안 들이고 사람을 즐겁게 하는 가장 경제적이고 가장 효과적인 친교의 기술이다. P의 팀원들은 언제나 즐거운 얼굴로 즐거운 마음으로 고객을 상대하니 고객들 또한 기분이 좋을 수밖에 없고, 그러다 보니 보험 판매실적도 가장 좋다.

또한 P는 실적이 부진하여 고민하는 직원에겐 자신이 한 계약을 선물로 주기도 한다.

"전지영 씨, 이거 선물이야."

"무슨 선물인데요?"

"힘내. 잘 될 거야."

P의 선물에 감격한 직원은 그녀의 진정성에 감사하고 최선을 다하게 된다. P의 이러한 마음 씀씀이는 팀원들은 물론 고객들에게도 주변 사람들에게도 가족들에게도 크나큰 활력소가 되어준다. 그녀는 상대방을 기분 좋게 하면 자신은 두 배 세 배 더 기분이 좋다는 것을 잘 아는 지혜로운 여성이다.

은숙은 아이가 2학년 때까지만 해도 고민이 많았다. 아이가 초등학교에 입학하기 전에는 아이에 대한 기대가 대단했었다. 아이가 똑똑하고 영리하게 행동했기 때문이다.

그런데 막상 학교에 입학을 하고 보니 은숙의 생각과 달랐다. 아이는 공부에 집중하려고 하지 않았던 것이다. 서른일곱이란 적잖은 나이에 첫아이를 낳았기 때문에 더더욱 아이에 대한 집착이 강했다. 좋은 과외 교사를 두기도 하고, 소문난 학원에도 보냈지만 자신이 원하는 만큼의 성과를 보지 못했다.

속이 상할 대로 상해 길을 걷고 있었는데 '오늘도 즐겁게 오늘도 행복하게'라는 문구를 보게 되었다. 그 순간 은숙은 '난 지금껏 아이를 공부 도구로만 생각했구나. 아이의 마음을 즐겁게 해주자.'라고 생각했다.

그녀는 그날 저녁부터 아이를 칭찬하기 시작했다.

엄마의 칭찬에 아이는 고개를 갸우뚱하면서도 좋아했다. 그동안 그녀는 "해라."라는 말만 했지 "참 잘했어."라는 말은 거의 한 적이 없었던 것이다.

칭찬의 효과는 참 빨랐다. 아이가 매사에 달라지기 시작했다. 공부도 음악도 운동도 아이는 예전보다 더 잘했다. 그러자 신이 난 건 바로 그녀였다. 그녀의 칭찬에 힘입어 많이 변화하였다. 그녀는 남편에게도 칭찬의 기술을 사용했다. 평소에 사근사근하지 못했던 자신에 대한 반성의 의미도 담아서. 그랬더니 쑥스러워하던 남편도 전보다 더 그녀와 아이에게 충실했다. 칭찬 하나로 가정의 분위기가 확 바뀐 것이다.

뛰어난 CEO에겐 공통적인 장점이 있다.

첫째는 친화력이 뛰어나다. 둘째, 유머가 풍부하다. 셋째, 상대방의 기분을 좋게 하는 칭찬 기술이 뛰어나다. 넷째, 부하 직원들을 배려하는 마음이 좋다. 다섯째, 현실을 직시하는 능력이 뛰어나다.

이런 요소들은 상대방의 기를 살리는 데 아주 효과적인 마인드 키포인트이다. 특히, 칭찬은 아주 좋은 자기 계발 스페셜 포인트이다.

지금도 경영의 귀재로 칭송받는 헨리 포드는 칭찬의 연금술사이다. 그는 사사로운 일도 기억을 해두었다가 직원들을 칭찬했다. 또한, 그는 직원들의 이름을 기억해 두었다가 이름을 불러주는 등 최대의 친화력을 보였다. 또한 학벌이 아닌 능력만으로 사람들을 평가하여 각 개개인의 능력을 최대한 끌어올리는 놀라운 능력을 보여주었다. 이러한 헨리포드의 경영기법은 그를 세계 최고의 CEO가 되게 했다.

이것은 비단 헨리 포드만의 일이 아니다.

철강왕 앤드루 카네기, 크라이슬러의 리 아이아코카, 펩시코의 인드라 누이, 마이크로소프트사의 빌 게이츠 등이 대표적인 예라고 하겠다.

장사 능력이 뛰어나고 사업 수단이 좋은 사람들의 특징 역시 칭찬이다. 그리고 좋은 성적을 내는 감독들의 특징 역시 선수들

개개인의 기를 살리는 칭찬의 기술이 좋다. 칭찬의 효과는 어느 분야, 어느 계층이든 간에 가장 효과가 탁월한 삶의 기술이다.

나이가 들어갈수록 칭찬이 더욱 필요하다. 힘이 빠지고 머리 회전이 느려지면 능력이 떨어진다. 이럴 때 자칫 의기소침할 수 있다. 칭찬은 자신감을 잃기 쉬운 남편에게 또는 아내에게, 친구들에게, 직장 동료들에게 더욱 필요한 삶의 필수 조건이다.

칭찬하라. 칭찬은 힘이 들지 않는다. 돈도 들지 않는다. 칭찬은 마음만 먹으면 언제 어디서든 손쉽게 할 수 있는 가장 매력적이고 유쾌한 삶의 처세술이다.

오직 자신의 땀방울을 믿어라

인생의 한 방을 믿는 자들이 곳곳에서 넘쳐난다. 로또 복권이니 마권이니 카지노니 하는 것은 우리의 일상이 된 지 이미 오래다. 물론 주택기금을 조성하는 등의 긍정적인 면도 있지만, 이런 것들은 사행성을 조장하고 무한한 인간의 잠재된 능력을 빼앗아 버리는 모순 또한 함께 갖고 있다.

텔레비전을 통해서 신문을 통해서 가끔 보도되는 기사를 보면 많은 사람들이 몰려가 일확천금을 꿈꾸며 자신에게 부여된 능력을 소멸시키고 있다. 손쉽게 돈을 벌어야겠다는 생각의 지배를 받다 보니, 스스로 절제하지도 못한다.

돈이란 과거에도 그러했고, 현재에도 그렇고, 미래에도 사람들의 마음을 휘저어 놓는 물마인 것이다. 그러니까 '물질의 마귀'라는 뜻이다.

돈이 있는 곳엔 항상 사람들이 몰리고, 돈을 손에 넣기 위해 혈안이 된다. 그러다 보니 불법도 마다하지 않고, 편법도 판을 치고, 심지어는 목숨을 위협하고 위협받는 일을 겪기도 한다.

인간에게 돈은 꼭 필요한 것이지만 자신이 정당하게 노력해서 습득했을 때 그 가치가 있는 것이다.

지인이 들려준 이야기이다.

지인의 친구 중 중소기업을 하는 사람이 있다. 그는 자수성가해서 성실하고 책임감이 강한 사람이었다. 가정도 화평하고 늘 행복이 가득한 집이었다. 그런데 언젠가부터 그가 달라지기 시작했다. 집을 비우고 회사를 비우기 시작했다. 처음엔 그의 아내도 출장이 잦아져서 그런 줄 알았다. 그러나 가면 갈수록 점점 더 집과 회사를 비우는 날이 잦아졌다. 그의 아내는 이상한 생각이 들어 물어보았지만 그는 추진하는 일이 잘 안 돼 그러니 걱정하지 말라고 했다.

그러던 어느 날 회사에 문제가 생겼다. 결제일이 지나도 결제가 되지 않아 여기저기서 아우성치고, 거래 은행에선 그의 집에까지 압류가 들어왔다.

"이게 무슨 일이에요?"

그의 아내는 난데없는 강제압류에 깜짝 놀라 어찌할 줄을 몰랐다. 망연자실한 상태에서 남편에게 전화를 걸었지만 받지 않았고, 결국 회사고 집이고 하루아침에 엉망진창이 되어 모두 날려 버리는 처지가 되고 말았다.

그는 거래처 사람들과 심심풀이로 돈 내기 카드를 하다가 10억이 넘는 돈을 잃자, 잃은 돈을 복구하기 위해 카지노에 발을 들여 그만 더 크게 일을 벌이고 말았던 것이다. 그는 하루아침에 알거지가 되었다. 그뿐만 아니라 아내에게 이혼을 당하고, 가족들로부터 철저하게 외면을 당하고 말았다. 심심풀이로 한 카드가 그의 인생을 송두리째 바꾸어 놓은 것이다.

이는 비단 지인의 친구 얘기만은 아니다.

영업사원이 수금한 돈을 갖고 게임을 하다 인생을 망치고, 의사인 사람이 카드에 빠져 하루아침에 병원을 날리기도 하고, 공무원이 게임에 빠져 파면을 당하고, 집 살 돈을 갖고 카지노 갔다가 하룻밤에 돈을 날려 거리에 나 앉기 일쑤다. 지금 우리 사회는 이루 말할 수 없이 많은 사람들이 인생의 한 방을 믿으며 자신의 노력을 엉뚱한 곳에 쓰고 있다.

카지노엔 돈을 잃고 오갈 데 없는 사람들로 들끓는다고 한다.

모두가 자신의 본분을 잊고 한 방의 노예가 되어 자신의 꿈과 가족과 인생을 모두 날려버린 이 시대의 유랑자들이다.

이에 대해 독일의 시성 요한 볼프강 폰 괴테는 이렇게 말했다.

"손쉽게 획득한 것은 내 마음에 들지 않는다. 힘들여 손에 넣은 것이 나를 기쁘게 한다."

그렇다. 힘들이지 않고 요행이나 바라는 인생의 한 방은 가치가 없는, 뿌리 없는 나무에 불과하다.

미국에서 있었던 일로 수천억이 넘는 돈을 복권으로 얻은 사람이 채 몇 년도 안 돼 알거지가 되는가 하면, 수백억의 돈을 운 좋게 손에 쥔 젊은이가 하루아침에 날려버리고 세차장에서 일하는 기사를 본 적이 있다.

비단 이 사람들만의 얘기가 아니다.

인생의 한 방으로 얻은 행운은 또다시 한 방으로 가고 마는 것이다. 특히, 인생의 절반쯤을 살아가는 40대들은 이를 잘 새길 필요가 있다. 거듭 강조하지만 인생 40대는 직장과 사회에서 가장 중심축을 이루는 세대이다. 인생의 허리에 해당하는 40대엔 유혹도 많고, 관심의 대상도 더 많다. 왜 그런 현상이 일어나는 걸까?

40대는 생각이 많고, 마음이 가장 흔들리는 시기이기 때문이다. 무슨 말이냐면 그만큼 40대는 누구에게나 인생에 있어 가장 중요한 시기라는 뜻이다.

그런데 이처럼 소중한 시기에 인생의 한 방을 쫓아 방황하다가는 자신은 물론 사랑하는 가족들에게 씻을 수 없는 상처를 남겨주고 만다.

“최후의 승리는 출발점의 비약이 아니다. 결승점에 이르기까지의 충실한 노력이다.”

이는 미국의 백화점 왕이라고 불리는 존 워너 메이커의 말이다. 참으로 의미 있는 귀한 말이 아닐 수 없다. 워너 메이커는 자신의 말처럼 자신의 인생을 성실하게 그리고 낭비 없이 살았던 사람이다. 그의 인생은 모든 사람이 본보기로 삼을 만큼 모범적이었다.

인류에게 꿈과 희망을 남기고 떠난 사람들이나 살고 있는 사람들은 인생의 한 방 따윈 꿈도 안 꾼다. 그들이 믿는 것은 오직 자신의 열정과 땀방울이다.

행복하게 살고 싶은가?

그렇다면 행복해져라. 절대로 인생의 한 방을 믿어선 안 된다. 오직 자신의 노력을 믿어라. 비록 지금은 감당하기 어려울 만큼 어려워도 반드시 극복한다면 가장 행복하고 가치 있는 인생을 살게 될 것이다.

CHAPTER 5

부부 수다의 비약

애민사상을 마음에 품고 살아가기

좋은 생각만 하기에도 인생은 짧다.

한여름 밤의 꿈이란 말이 있다. 이 말처럼 인생은 긴 것 같아도 마치 한여름 밤을 보낸 것처럼 허무하다는 말이다.

이처럼 보잘것없는 것이 인생이다. 그런데도 나나 너나 우리는 그 사실을 잊고 살아간다.

자신의 이익을 위해 상대방을 곤경에 빠트리는가 하면, 음해하고 시기하느라 허튼 삶에서 벗어나지 못하는 사람들을 종종 보게 된다.

그들은 자신이 똑똑해야 한다는 것만 알았지, 진정 왜 똑똑하게 살아야 하는지 그 방법에 있어서는 무지하다. 혹여, 알아도 그를 애써 외면하려고 한다. 왜냐하면 그렇게 살기란 쉽지 않다고 생각하기 때문이다.

하지만 그렇게 살아야 한다.

인간이 자신의 중심에서 벗어나지 못한다면 진정 참된 행복을 알지 못한다. 내가 아닌 너와 우리라는 개념을 갖고 그 틀 안에서 살아야만 참된 행복을 얻을 수 있다는 말이다.

한 가지 오해할 소지가 있어 말해두지만, 앞에서 똑똑하게 해야 한다는 것은 지식적으로 똑똑해야 함을 뜻하는 것이 아니다. 내가 아닌 타인을 위해 살아가는 것 그래서 가치 있는 삶을 살아가는 사람, 그런 삶이 똑똑한 삶이고 그렇게 사는 사람이 진정 똑똑한 사람이라는 것을 말하는 것이다.

이처럼 내가 아닌 타인을 위하는 마음을 갖고 산다는 것은 매우 어려운 일이다. 하지만 똑똑하게 살아가는 방법이 있다. 그것은 바로 애민 사상을 품고 사는 것이다.

애민 사상이란 사람들을 불쌍히 여기고 가엾게 생각하는 마음이다.

사람들을 불쌍하게 생각하는 마음을 갖게 되면, 자신만 아는 이기적인 마음도 사라지고, 시기와 미움도 사라지고, 탐욕스러운 마음도 사라지게 되고, 남에게 지지 않으려는 마음도 사라지게 된다.

이런 마음을 갖게 되면 매우 너그러워지고, 부드러워지고, 유순하게 변화한다. 그래서 애민 사상을 가지면 배려하는 마음, 양보하는 마음, 상대방을 생각하는 마음이 강하게 작용하는 것이다.

단군 사상의 핵심인 홍익인간은 인간을 널리 사랑하는 마음이다.

이와 마찬가지로 애민 사상을 갖게 되면 인간을 사랑하는 마음이 커지기 때문에 애민 사상을 길러야 하는 것이다.

듣는 대로 이해하게 된다는 이순을 살다 보니 애민 사상을 갖고 살아야겠다는 생각이 언제나 가슴에 강물이 되어 흐른다.

젊은 시절 한 때를 주먹 하나로 풍미하며 살던 사람이 있었다. 그는 주먹 하나로 머리 좋은 사람들도, 돈 많은 사람들도, 힘깨나 쓴다는 사람들도 모두 굴복시켰다. 그는 많은 부하를 거느린 주먹으로서 좋은 집에서 맛있는 음식을 먹으며 살았다. 누구도 그 앞에서는 항거하거나 불만을 토로하거나 비판하지 못했다. 그것은 곧 파멸이라는 것을 알기 때문이다.

그러던 어느 날 그는 한 가지 일을 목격하게 되었다. 거지 아이들과 몸이 불편한 아이들을 거두는 한 남자를 본 것이다. 그는 유심히 그가 하는 행동을 살펴보았다. 그러는 가운데 그의 마음이 따뜻해져 옴을 느끼게 되었다.

그는 즉시 자신이 가진 돈을 그에게 건네주었다. 너무도 감사해하며 받는 그를 보고 돈이 누군가에게는 참으로 소중하다는 것을 알게 되었다. 그는 다음 날도 또 그다음 날도 그를 찾아가 돈을 주고, 먹을 것을 사다 주었다.

어느 날 그는 그가 하는 행동이 궁금해서 물어보았다.

"어떻게 이 일을 하게 되었습니까?"

"그냥 우연히 하게 되었습니다."

"우연히 라고요?"

"네. 5년 전 어느 날 길에서 굶주려 울고 있는 아이를 보았지요. 그 아이를 데려다 먹이고 입히고 하다 보니 어느새인가 지금처럼 되고 말았지요."

"어떻게 그렇게 할 수 있었나요?"

"인간을 불쌍히 여기는 마음을 가지면 다 하게 됩니다."

"인간을 불쌍히 여기면 된다고요?"

그는 이해할 수 없는 말에 다시 한번 되물었다.

"네. 따지고 보면 인간은 다 불쌍한 존재이지요. 이 힘든 세상을 살아가려면 얼마나 힘이 듭니까?"

그의 말을 듣던 그는 자신의 힘들었던 어린 시절이 생각났다. 그때 먹을 것이 없어 남이 버린 것을 주워 먹었던 기억이 떠오르자 깊은 슬픔이 몰려왔다. 그때를 생각하자 그의 말이 조금은 이해가 되었다.

그는 지금의 자신에 대해 생각했다. 그리고 한 가지 사실을 깨닫게 되었다. 지금 이렇게 사는 것은 옳지 않다는 거였다.

그는 자신이 어떻게 살아야 하는지에 대해 고민하기 시작했다. 그리고 그는 결심하기에 이른다. 자신 역시 그처럼 살자고 마음먹었다.

그는 집을 판 돈과 갖고 있는 돈을 부하들에게 나누어주고 모두 각자의 길로 가라고 했다. 그리고 자신은 시골로 들어가 집을 짓고 거리를 떠도는 아이들과 부랑아들을 데려다 씻기고 먹이고 그들의 아버지가 되어 살았다.

그가 그처럼 변할 수 있었던 것은 그가 애민 사상을 가졌기 때문이다.

애민 사상은 사람을 불쌍히 여겨 사랑하는 마음이다. 애민 사상을 갖게 되면 주먹잡이도 변화하고, 탐욕자도 변화하게 된다.

사람은 애민 사상을 갖고 살아야 한다. 나이가 늘면 늘수록 그 마음이 더욱 절실해진다.

나 역시 애민 사상을 갖고 있다. 앞의 이야기에서 보듯 그처럼 깊이 있는 것은 아니지만, 좀 더 상대방의 입장에서 생각하고 이해하려는 마음이 40대보다는 훨씬 깊어지고 진지해졌음을 스스로 알 수 있다.

그러다 보니 내 마음이 한결 평안해졌다.

"인간의 삶이란 마치 들에 핀 꽃과 같다. 아침에 피어 저녁이 되면 시들고 마는."

이는 스위스의 교육 철학자로서 참교육을 실천에 옮긴 요한 하인리히 페스탈로치의 말이다.

어린이를 위해 평생을 헌신한 페스탈로치는 자신의 말처럼 인간의 허무한 삶을 벗어나기 위해 그처럼 열정적인 삶을 살지 않았을까 싶다.

또한 장 자크 루소는 "산다는 것은 호흡하는 것이 아니라, 무슨 일인가를 하는 것이다."라고 말했다.

그렇다. 산다는 것은 단지 숨만 쉬는 것이 아니다. 무언가를 창조하고 무언가를 위해 사는 것이다.

인생 40대, 금방 지나가고 만다.

"그땐 왜 그처럼 아등바등 살았는지 몰라. 여유로운 마음으로 살지를 못하고."

지난 시절을 아등바등 살았던 사람들은 하나같이 이렇게 말한다.

애민 사상을 갖고 산다면 더욱 더 보람 있고 가치 있는 40대를 살아가게 될 것이다.

미리 유언장 써보기

언젠가 가상으로 삶의 마지막을 준비하기 위해 미리 쓰는 유언장을 주제로 한 프로그램을 본 적이 있다. 그중엔 관에 누워보는 프로그램도 있었는데, 참가자 대부분이 처음엔 이게 대체 무슨 시추에이션인가 하는 표정이 역력했다.

그런데 시간이 지나면서 서서히 사람들의 표정이 진지해지기 시작했다. 그리고 자신이 쓴 유언장을 읽을 땐 흐느끼기 시작했다. 그것을 바라보는 사람들의 눈에도 물기가 고여 반짝거렸다. 일종의 상황극처럼 꾸민 프로그램이었지만 가상의 죽음 앞에서도 그렇게 진지해질 수 있는 것은, 죽음이 엄숙하고 경건한 자세를 갖게 하는 장엄하고 진지한 인생의 과제라는 걸 알게 했다.

프로그램에 참여한 사람들이 가상의 죽음을 경험하고 나서 갖게 된 공통의 깨달음이 있다. 첫째, 삶을 더욱 더 진지하고 엄숙하게 살아야겠다는 것, 둘째는 가족을 비롯한 사랑하는 사람들을 더 많이 사랑해야겠다는 것, 셋째는 자신에게 주어진 일을 더 열심히 해야겠다는 것, 넷째는 사회와 타인을 위해 봉사하며 살아야겠다는 것이었다.

삶과 죽음은 인간에게 있어 가장 근원적인 문제지만 한편으론 가장 형이상학적인 철학이라고 할 수 있다.

거듭 말하지만 40대란 나이는 인생에서 가장 중요한 시기이다. 그래서인지 이 시기에 많은 문제가 발생한다. 많은 문제 중 하나는 바로 세상과의 이별이다. 과로로 쓰러지는 사람들이 제일 많은 것도, 정신적 육체적으로 가장 힘든 때도 40대이다.

나는 40대에 미리 유언장을 써 놓았다. 여기엔 그만한 이유가 있었다. 그에 대한 이야기이다.

내가 아끼는 후배가 있었다. 근면하고 성실하며 예의가 바른 후배였다. 나는 이사 관계로 그 후배와 떨어져 살았지만 언제나 그에 대한 소식을 듣고 있었다. 그 후배는 직장생활도 똑똑하게 잘해 회사로부터의 신망이 두터웠다. 모든 삶이 평탄하기만 할 것 같은 그였는데 뜻하지 않은 일이 발생했다. 출장을 다녀오다 그만 사고를 당한 것이다. 음주 차량이 그의 차를 사정없이 들이받은 그 사고로 그는 아까운 목숨을 잃었다. 개념 없는 몹쓸 사람으로 인해 전도양양한 내 후배가 억울하게 세상과 이별을 하고 말았다.

나는 그 소식을 듣고 큰 충격을 받았다. 더구나 엄마 없이 그 후배 혼자 키우던 어린 딸을 생각하니 가슴이 미어져 견딜 수가 없었다. 그 어린 것이 아빠 엄마 없이 살아갈 걸 생각하니 숨통이 막혀왔다.

그는 가족을 비롯한 그 누구에게 한마디 말도 남기지 못한 채 허무하게 가고 말았던 것이다.

후배의 안타까운 죽음이 나에게 미리 유언장을 써놓게 했다.

나는 평소 내가 생각했던 그대로 유언장을 썼다. 써 내려가는 내 마음이 숙연하고 담담해지더니 어느 순간에 이르자 나도 모르게 갑자기 눈물이 왈칵 쏟아지고 말았다.

마치 내가 지금 세상과 이별을 하려는 것 같았다. 순간 지금의 내 삶이 그토록 엄숙하고 고마울 수가 없었다. 내가 사랑하는 가족과 사랑하는 사람들과 함께 숨 쉬고 산다는 것이 그렇게도 감사했다.

나는 눈물을 흘리며 유언장 쓰기를 마쳤다. 그러고 나자 삶에 대한 내 마음이 한층 진지해지고, 하루하루를 열심히 살자고 거듭 다짐하고 다짐하게 되었다.

인간은 누구나 언젠가는 이 세상과 이별을 한다. 하지만 영원히 살 것처럼 발버둥 치고 내 것이 제일인 양 살아간다. 그래봤자 인간은 유한한 존재일 뿐이다. 그런데도 사람들은 그것을 잊고 산다. 그러다 보니 어떤 이들은 해악을 일삼으면서 남의 아픔도 아랑곳하지 않고 자신만 잘 되면 그만이라는 듯이 살아가고 있다.

그러나 그것이 얼마나 모순된 삶인지 알아야 한다. 그렇지 않으면 후회만 하게 되는 어처구니없는 인생으로 남게 될 것이다.

"인생은 걸어 다니는 그림자와 같다. 무대 위에서 자기 순번 때만 나가서 점잔 빼며 큰소리치지만 그다음 보잘것없이 잊혀버리는 배우이다."

이는 영국 최고의 시인이자 극작가인 윌리엄 셰익스피어의 말이다. 셰익스피어의 말에서도 알 수 있듯 망각되는 인생으로 산다는 것은 참으로 보잘것없는 존재가 아닐 수 없다. 그렇다면 어떻게 해야 망각되지 않는 인생으로 기억될 수 있을까. 이에 대해 고대 로마의 황제이자 철학자인 마르쿠스 아우렐리우스는 다음과 같이 말했다.

"인생은 짧다! 무슨 일이든지 이성과 양심이 명령하는 대로 살도록 힘쓰고, 여러 사람의 행복을 위해서 마음을 써야 한다. 그것이 인생의 가장 값진 열매를 얻는 비결이다."

그렇다. 삶은 이성과 양심에 따라 살아야 하고, 내가 아닌 타인의 행복을 위해 살 때 더 큰 행복을 맛보며 살게 된다. 유언장을 미리 써 본 사람들은 "유언장을 쓰기 전과 쓰고 났을 때의 마음가짐이 이렇게 다를 수 있다니!" 하고 말한다.

인생 40대, 참으로 소중하다. 40대를 어떻게 사느냐 하는 것은 자신의 남은 인생을 결정짓는 바로미터이다.

지금 당장 펜을 들고 거울을 보라. 그리고 자신에 대해 경건하고 엄숙하게 생각하며 유언장을 써나가라. 당신도 분명 확실하게 달라지는 자신을 느끼게 될 것이다.

부부수다의 미학

“나이가 들고 보니 자식새끼들 다 소용없어. 키울 때나 자식들이지 짝 맞추어 떠나면 그걸로 끝이야. 어디 그 뿐인가. 잘 살아야 하는데 하는 생각이 한시도 떠나지 않아. 자식은 평생 짊어지고 가야 하는 인생의 짐이야. 젊었을 땐 몰랐는데 나이 들고 보니 할멈이 최고야.”

일흔이 넘은 어르신 말이다.

어느 날 체육공원에 갔더니 할아버지와 할머니가 돗자리에 김밥과 과일을 펼쳐놓고 드시고 있었다. 서로를 위하는 모습이 한눈에 보기에도 금슬이 참 좋은 노부부였다. 나는 그 모습을 보고 그냥 지나칠 수 없어 가까이 다가가 인사를 건넸다.

"보기가 너무 좋으십니다."

"그래요? 그렇게 말해주니 고맙군요."

할아버지는 이렇게 말하며 환하게 웃으셨다.

"자, 이것 좀 들어보우."

할머니가 음료수를 따라주셨다.

"고맙습니다."

나는 단숨에 음료수를 마셨다.

"자, 이것도 좀 먹어봐요."

할아버지가 수박을 건네주셨다.

"네, 잘 먹겠습니다."

나는 수벅을 맛있게 먹었나.

수박을 먹고 나서 호기심이 생겼다. 나는 궁금증이 많은 아이처럼 물어보았다.

"두 분께선 늘 함께 다니시나요?"

"그럼요. 우린 늘 이렇게 함께 다녀요."

할아버지는 당연하다는 듯이 말했다.

"할머닌, 참 좋으시겠어요. 어르신께서 많이 위해주시니."

"그래요. 나는 참 복 많은 여자예요."

할머니는 이렇게 말하며 수줍은 듯 웃으셨다.

나는 할머니 말을 듣고 놀라운 사실을 발견했다. 할머니는 자신을 '복 많은 여자'라고 표현했던 것이다. 대개 여성 노인들은 자신을 할머니라고 칭하지 여자라고 말하지 않는다. 그런데 할머니는 자신을 '여자'라고 말한 것이다.

나는 할머니의 말을 듣고 할아버지의 각별한 사랑이 할머니를 아직도 여자로 느끼게 하는구나, 하고 생각했다. 할아버지는 마트를 가든, 친구들 모임에 가든, 산책을 하든 그 어디를 가든 늘 할머니와 함께한다고 했다.

할아버지가 그러는 데는 이유가 있었다.

할아버지는 젊은 시절 산림 공무원으로 외지를 많이 떠돌았다고 했다. 그러다 보니 할머니와 함께했던 시간이 많지 않았다는 것이다. 세월이 지나고 정년퇴직을 하고 나니 할머니에게 그렇게 미안할 수가 없었다고 했다. 그래서 지금부터라도 젊었을 때 못 해봤던 것, 구경하지 못했던 것 다 해보기로 하고 연애하는 마음으로 살고 있다고 했다. 그런데 처음 얼마간은 할머니가 몹시 어색해했다고 한다. 마치 몸에 맞지 않은 옷을 입었을 때처럼.

그만큼 할아버지와 할머니 사이엔 보이지 않는 마음의 벽이 가로놓여있었다. 그래서 두 분은 처음엔 이런저런 얘기를 하며 벽을 허물었다고 했다. 그렇게 시간이 지나면서 할머니는 자신의 마음을 열었다고 했다. 그러는 가운데 자연스러워졌고, 지금은 너무 좋다고 했다. 두 분과의 만남은 내게 많은 생각을 하게 했다. 지금도 체육공원을 가면 가끔 두 분을 보게 된다. 참 행복한 노부부다.

우리나라 젊은 부부들은 과거와 비교해 둘이 함께하는 시간을 많이 가지려고 한다. 둘만의 시간을 소중하게 생각하기 때문이다. 하지만 40대만 하더라도 일이 바쁘다 보니 둘만이 함께 하는 시간이 별로 없다. 설령 시간이 난다고 해도 골프를 치러가거나, 낚시를 가거나, 친구들끼리 모여 술 마시고 잡담하는 걸로 시간을 보내기 일쑤다. 자연히 부부끼리 단절되는 경우가 많다.

"함께 있어도 별로 할 말이 없어요."

언젠가 설문 조사에서 어떤 여성이 했던 말이다. 의외로 이런 부부가 참 많다고 한다. 대화의 단절은 서로의 마음에 보이지 않는 벽을 치게 된다.그러다 보면 작고 불쾌한 일에도 쉽게 부딪치고, 흥분하고, 서로의 마음에 짙은 앙금을 남기곤 한다.

인간관계에 있어 대화는 마음의 문을 여는 소통의 창구다. 그래서 대화를 많이 나누는 부부는 서로에 대한 이해심이 높고, 배려하는 마음이 크다. 그러나 대화가 없거나 부족한 부부는 작은 일에서조차도 소통하는 데 어려움을 느낀다. 대화의 훈련이 되지 않았기 때문이다. 결국 문제가 자주 생기게 되고, 그것이 쌓여 서로에게 상처를 남기게 된다.

부부간에 소통을 돕는 가장 좋은 방법은 부부가 일주일에 한두 번 둘만의 수다 떠는 시간을 가지는 것이다.

이에 대해 시간도 없는데 무슨 둘만의 시간을 가지라는 것이냐고 반문하는 이들도 있을 것이다. 그러나 이는 다 웃기는 얘기다. 아무리 바빠도 마음만 먹으면 얼마든지 둘만의 시간을 만들 수 있다. 그것은 어디까지나 서로에 대한 성의의 문제이다.

문제 있는 부부가 둘만의 대화를 가짐으로써 누구보다 행복하게 살고 있는 부부 이야기이다.

경문은 외아들로 자라 독선적이고 이기적인 데가 있다. 그래서일까, 그는 자신이 원하지 않으면 그 어떤 것도 하려고 하지 않는다. 그러다 보니 제일의 피해자는 언제나 그의 아내다. 그의 아내는 4남매의 맏이로 상대에 대한 이해심이 깊고 배려심 또한 좋은 여자다. 그래서 그녀의 주위엔 사람들이 많고 어딜 가나 사람들로부터 환영을 받는다. 그런데 유독 남편만은 그녀를 무시하고 하찮게 여겼다. 하지만 그의 아내는 언제나 묵묵히 성질 더러운 경문의 일거수일투족을 불평 없이 받아주었다. 그러나 아무리 그녀가 바다처럼 넓은 사랑을 지녔다 해도 그녀 역시 사람일 뿐이다.

어느 날 일찍 퇴근한 경문은 아내가 없자 전화를 해대고 야단법석을 떨었다. 남편이 퇴근했는데 집에 없다는 것이 불평의 이유였다. 남편의 호출을 받은 그의 아내는 급히 집으로 들어왔다. 그런데 그녀의 마음속엔 오늘만큼은 그냥 넘어가지 말아야겠다는 생각으로 가득 차 있었다. 그녀는 둘째 아이 학교에서 하는 봉사활동에 참여했던 터였다. 그리고 그에 대해 이미 경문에게 얘기해

두었었다. 그런데도 경문은 아랑곳하지 않고 성질을 부려댔던 것이다.

그녀가 현관문을 열고 들어오기 무섭게 경문은 소리를 지르며 가관이었다. 그녀는 아무 말 없이 남편이 하는 꼴을 지켜볼 뿐이었다. 한참을 떠들어대도 일언반구가 없자 제풀에 지친 경문은 침대에 벌렁 누워 씩씩거리기만 했다.

그날 밤 그녀는 고등학교 2학년인 딸아이와 중학교 1학년인 아들아이에게 이 사실을 이야기하고, 두 아이의 옷가지와 책 등을 꾸려 당분간 친정에 가 있기로 작전을 짰다.

다음날, 퇴근한 경문이 그녀가 없자 또다시 전화를 해대며 난리를 쳤다. 그녀는 일절 전화를 받지 않았다, 아이들도 마찬가지였다. 그제야 심상찮은 분위기를 눈치챈 경문이 아내가 써 놓은 편지를 보게 되었다.

경문 씨, 지금의 당신은 예전에 내가 사랑했던 남자가 아닙니다. 독선과 아집으로 똘똘 뭉쳐진 제멋대로인 남자일 뿐입니다.

그러나 난 언제나 당신을 이해하려고 노력했지요. 왠지 알아요? 어쨌든 당신은 내가 사랑해서 선택한 남자니까요.

그런데 이젠 아닙니다. 이제 더는 당신을 그대로 받아 줄 수 없습니다. 더는 억울해서 그냥 있을 수 없기 때문입니다.

지금부터 일주일 동안 시간을 주겠어요. 지금의 당신으로 사느냐, 처음 우리가 함께했을 때처럼 이해하고 사랑하고 사느냐 선택하기 바랍니다.

한 가지, 이는 분명히 명심하세요.

만약 당신이 당신의 오만한 마음과 행동을 버리지 않는다면, 나는 이제 당신에게 미련을 두지 않겠어요. 이것은 단순한 엄포가 아닙니다.

당신의 선택을 기다리겠어요.

편지를 읽고 난 경문의 얼굴이 일그러졌다.

"이 여자가 정말?"

그는 분을 삭이지 못하고 의자를 들어 집어 던졌다. 그러나 그렇다고 해서 화가 풀릴 리 없었다.

"좋아, 한 번 해보자고. 누가 이기나."

경문은 이렇게 말하며 이를 바득 갈았다.

하루가 가고, 이틀이 가고, 사흘이 지나자 집안 꼴이 말이 아니었다. 자신이 벗어 놓은 옷가지가 벗어 놓은 채로 널려 있고, 입고 출근할 와이셔츠도 없었다. 경문은 화가 났지만 그렇다고 전화를 걸 수도 없었다. 자존심이 허락하지 않았다.

경문은 어제 입었던 와이셔츠를 입고 출근을 했다. 항상 깔끔한 그였지만 입던 옷을 입었더니 찝찝하기 그지없었다. 하지만 어쩔 수 없었다. 아내가 집을 비운 지 5일 만에 경문은 아내 없이 자신 혼자서는 아무것도 할 수 없다는 것을 깨달았다. 그동안 아내가 자신에게 얼마나 헌신적이었는지를 똑똑히 알게 된 것이다.

경문은 자리에서 일어나 앨범을 꺼냈다. 그리고 한 장 한 장 넘기며 사진을 보았다. 젊은 시절 그렇게도 사랑했던 여자인 아내. 그랬던 아내를 지금 자신이 함부로 대한다고 생각하자 자신도 모르게 눈물이 흘러내렸다. 그렇게도 사랑했던 여자였는데 그런 여자를 종처럼 부려먹다니.

"내가 미쳤군. 정말 미쳤어."

그는 자신이 돌아도 단단히 돌았다는 걸 깨달은 것이다.

그리고 경문은 지금도 자신이 아내를 몹시 사랑하고 있다는 걸 알았다. 그녀 없인 자신은 한시도 살 수 없다고 여긴 것이다.

그는 예전의 자신으로 돌아가기로 굳게 다짐하였다.

다음 날, 퇴근한 경문은 아내가 좋아하는 장미를 그녀 나이 숫자만큼 예쁘게 포장해서 처가로 찾아갔다.

그는 무조건 장모님 앞에 무릎을 꿇었다.

"장모님, 죽을 죄를 지었습니다."

"자네가 무슨 죽을죄를 지었단 말인가?"

장모는 시침을 뚝 떼고 넌지시 말했다. "무조건 잘못했습니다. 두 번 다시는 경숙이 마음 아프지 않게 하겠습니다."

"그래? 그 말 믿어도 되겠지?"

"네, 장모님. 틀림없이 믿으셔도 됩니다."

"좋아. 난 자넬 믿어보겠네. 하지만 경숙이 허락을 받게."

"네 장모님. 감사합니다."

경문은 이렇게 말하며 아내에게 말했다.

"미안해. 내가 백번 천번 잘못했어. 당신이 내게 얼마나 소중한 사람인지를 뼈저리게 반성했어. 그리고 무엇보다 중요한 것은 지금도 당신을 너무 사랑한다는 걸 알았어. 용서해 줘. 앞으로 정말 잘할게."

그는 진심으로 사과하며 자신의 마음을 보여주었다.

"그 말 믿어도 돼요?"

"응. 사나이로서 맹세할게."

"또다시 지금처럼 행동한다면 그땐 어떡할래요?"

"그런 일은 절대 없어. 만일 그런다면 난 사람도 아니야. 그땐 내가 먼저 당신 곁을 떠날게."

"좋아. 그럼 지금 한 말을 기록으로 남겨 줘요."

"그래. 그렇게 할게."

경문은 자신의 진심을 담아 쓴 편지를 아내에게 건네주었다.

그 일이 있고 나서 경문은 완전히 다른 사람이 되었다. 그들 부부는 아무리 바빠도 일주일에 두 번은 둘만의 수다 떠는 시간을 갖는다. 차를 시켜놓고, 외식하고 산책하며 아무것도 아닌 일로도 깔깔대며 이야기한다. 둘만의 이야기를 하다 보면 비밀이 없다. 무슨 얘기든 숨김없이 다 하니까 말이다. 그러는 가운데 둘의 신뢰는 더욱더 깊어지고 배려하고 이해하는 마음도 한층 깊어진 것이다. 그들 부부는 누구보다 행복한 시간을 보내고 있다.

나는 그들 부부를 보며 부부간의 대화는 더 깊은 사랑을 위한 소통의 창구라는 걸 새삼 느꼈다.

내가 문학 강의를 할 때 시의 주제에 맞는 이야기를 하던 중 부부간에 수다를 떨어보라고 하니 어떤 수강생이,

“무슨 말로 수다를 떨어요? 우리 남편은 완전 벽이에요.”

하고 말했다. 그러자 수강생들이 한바탕 깔깔대며 웃었다.

“벽도 다 뚫는 방법이 있지요. 처음엔 어색해도 무슨 얘기든 해보세요. 그렇게 하다 보면 통하게 됩니다.”

그리고 나는 경문의 부부 이야기를 들려주었다. 그러자 수강생들은 고개를 끄덕이며 무언가 결심하는 눈치가 역력했다.

수다를 떠는 부부가 더 행복하다. 이는 틀림없는 사실이다. 부부사이가 좋은 사람들을 보면 알 수 있다. 그들은 별것도 아닌 얘기에도 배꼽을 잡고 깔깔거린다.

앞에서 얘기했던 노부부와 경문 부부의 이야기에서 알 수 있는 것처럼 시간이 날 때마다 수다를 떨어라. 아니, 시간을 만들어서라도 수다를 떨어라.

부부의 수다, 그것은 행복의 지수를 높이는 청량제이다.

상처를 준 사람이 있다면 오십이 되기 전에 반드시 사과하기

인생을 1막과 2막으로 나누었을 때 오십 대라는 나이는 인생의 2막을 새롭게 시작하는 시기이다. 40대란 시기는 1막과 2막의 중간의 시기이다. 40대를 잘 보내야 2막 인생의 시작기인 50대를 잘 맞이할 수 있다. 그래서 좋은 일은 잘 간직하고 가져가야 하지만, 나쁜 일은 털어버리고 가는 것이 좋다.

새 술은 새 부대에 담아야 한다는 말이 있다.

생각해보라. 새 술을 헌 부대에 담으면 어떻게 될까. 술이 흠집 난 곳으로 새거나, 술맛이 변할 수도 있다.

그런데 어떻게 후반기 인생을 맞이하면서 나쁜 기억이나 일을 떠안고 갈 수 있을까. 이는 자신의 후반기 인생에 오점이 될 수도 있음을 유념해야 한다.

특히, 인간관계에서는 더욱더 그러하다.

나이를 먹어갈수록 인생에 있어 인간관계의 필요성과 중요성을 더욱 느끼게 된다. 과거엔 대수롭지 않게 생각했던 사람들까지도 새로운 시각으로 바라보게 된다. 그리고 가급적이면 내가 먼저 양보하게 되고, 다가가게 되고, 화나는 일을 겪어도 참게 되고, 나쁜 것을 봐도 이해하는 마음으로 대하게 된다.

나이가 들어간다는 것은 새로운 인간관계를 만들어가는 것과 같다고 하겠다.

까칠하고 남에게 지기 싫어하는 Y가 있다. 그는 원칙을 중요시하고 원칙에서 벗어나는 것을 용납하지 못한다. 그것이 자신이든 가족이든 친구든 이웃이든 누구라 하더라도 그의 상식에 벗어나면 절대 용납하지 못했다. 철저하게 원칙을 지키고 사니 남에게 실례가 되는 일이나, 자신으로 인해 고통을 겪는 일은 절대로 하지 않았다. 한마디로 말해 조선 시대 올곧은 전형적인 선비의 모습이었다.

그러던 어느 날 친구와 사소한 일로 등을 지는 일이 발생했다. 아무렇지도 않게 생각하면 될 일인데 오히려 그것 때문에 그는 친구를 용납할 수 없었다. 그의 친구 역시 원칙을 중요시하는 사람이었고, 남에게 절대로 상처를 주는 말과 행동을 하지 못하는 사람이었다. 유유상종이라는 말이 있듯 그 둘은 매우 모범적인 사람이었고, 올곧은 성품을 가졌다. 그런데 누구 하나 자신을 먼저 굽히지 않았다. 이상한 일이었다.

큰일에선 서로 양보도 잘하고 배려도 잘하던 사람들이 작은 일에서는 서로 양보가 없었다. 자존심을 다친다고 생각했던 것이다.

그들은 식사를 마치고 나자마자 등을 돌리고 각자의 집으로 갔고, 그날 이후 수년이 지나도록 전화를 하거나 만나는 일이 일절 없었다.

그러는 가운데 그들의 나이도 사십 대 마지막을 보내는 시기에 다다랐다.

Y는 곧 50대에 들어선다고 생각하니 마음 한구석이 허전하고 텅 빈 것 같은 생각에 왠지 쓸쓸함을 느꼈다. 그의 쓸쓸함은 가족이 곁에 있어도 그렇고, 사람들과 함께하면서도 그렇고 가시지 않았다. 날이 가면 갈수록 쓸쓸함의 깊이는 더욱더 깊어만 갔다.

그러던 어느 날 책장에서 책을 꺼내다 책 속에서 웬 쪽지를 발견했다. 그 쪽지를 펼치는 순간 그의 눈은 반짝이며 섬광을 일으켰다. 오랫동안 잊고 지냈던 친구의 이름이 쓰여 있는 편지였다. 대학 시절 친구가 그에게 보낸 거였다. 그 당시 Y는 여름방학을 맞아 시골에서 봉사활동을 하고 있었는데, 그의 친구가 Y를 격려하기 위해 보낸 편지였다.

Y에게

Y, 무더운 날씨에 고생이 많지?
남들은 바다로 산으로 휴가를 떠나는데 너는 시골에서 봉사활동을 하느라 여념이 없겠구나. 너 자신보다는 타인을 먼저 생각하는 너의 고결한 마음이 언제나 나를 감동의 숲으로 이끌곤 했지.
네가 내 곁에 있는 것만으로도 온 세상을 다 가진 듯 너무 행복하다. 너는 내게 꿈과 용기를 주는 행복의 메신저란다.
그리고 지금에서야 하는 말이지만 널 존경한다.
네가 내 친구라는 게 너무 자랑스럽다.
Y, 보고 싶다.
비록 너와 함께 하지 못하지만 내 마음속엔 항상 네가 있다는 걸 잊지 마.
Y, 건강 잘 챙기기 바란다.
기쁨으로 다시 만날 날을 기대하며.

K 씀

편지를 읽어 내려가는 Y의 눈에서 눈물이 주르르 흘러내렸다. 자신을 생각하는 친구의 진심 어린 마음이 이십오 년이나 지난 지금 그의 마음을 울렸던 것이다. 편지를 읽고 난 Y는 망설임 없이 친구에게 전화를 걸어 만나자고 했다. 친구 역시 기다리고 있었다는 듯이 흔쾌히 응했다. 친구와 약속장소로 가는데 눈이 내렸다. Y의 가슴은 들뜨기 시작했다. 사랑하는 여자를 만나러 갈 때의 그 느낌 그대로였다.

그 시각 친구는 먼저 약속 장소에 나와 Y를 기다리고 있었다. 그 역시 설레는 마음은 마찬가지였다. Y는 약속 장소인 레스토랑 문을 열고 들어갔다.

"Y! 여기야!"

친구는 Y를 보고 자리에서 일어나 소리쳤다.

"K! 오랜만이야!"

둘은 누가 먼저라 할 것도 없이 서로 부둥켜안았고 둘의 눈에서는 반가움의 눈물이 흘러내렸다. 그들은 사람들의 시선 따윈 아랑곳하지 않았다. 잠시 말없이 울던 그들은 이번엔 서로의 손을 잡고 활짝 웃었다. 남들이 보면 이해할 수 없는 행동처럼 보였을 것이다. 하지만 그들은 개의치 않았다.

그들은 지난날 해묵은 감정을 훌훌 털어버리고 다시 하나가 된다는 것만으로도 너무 행복했던 것이다.

그로부터 일주일 후 그들은 가족끼리 모여 40대의 마지막 밤을 함께 보냈다.

"Y, 우리 멋지게 늙어가자."

"그래. 그러자꾸나."

둘은 두 손을 마주 잡으며 활짝 웃었다.

50대로 접어든 지도 벌써 5년이란 세월이 지났다. 비 온 뒤에 땅이 더욱 굳어지듯 그들은 헤어짐의 아픔을 딛고 더욱 서로를 존경하며 살고 있다.

하늘의 뜻을 안다는 50대의 삶은 보다 성숙한 인간으로 완성되어가는 첫 길목과 같다. 지금이라도 풀지 못한 일이 있다면 50을 맞기 전에 풀어버려라. 해묵은 감정이나 나쁜 기억들은 모두 날려버려라. 그리고 맑은 마음으로 기쁜 마음으로 50대의 첫발을 떼어놓아라. 그 발길이 축복의 발길이 되어 당신의 삶을 평탄케 할 것이다.

과욕은 금물,
순리에 맞게 행동하기

불혹을 넘긴 나이에도 지나친 과욕을 버리지 못하는 사람들이 많음을 볼 수 있다. 오직 내 주머니를 채우려는 생각으로 가득 차 있을 뿐이다.

물론 다다익선이란 말처럼 물질이란 많으면 많을수록 좋다. 하지만 물질을 순리에 따라 좇지 않고 과욕으로 좇아가는 일은 자칫 낭패를 부를 수 있다. 젊었을 때의 실패는 만회할 기회가 많다. 하지만 40대만 되어도 실패를 만회하는 기회란 그리 많지 않다. 40대란 시기는 인생의 중간지점이므로 안정적인 삶을 추구하는 시기이다. 잘못된 판단으로 40대를 안정적으로 이끌지 못하면 그 이후의 삶은 냉혹해질 수밖에 없다. 삶이 냉혹해진다는 것은 불행한 삶을 산다는 것을 의미하기 때문에 냉혹해지는 것을 최대한 막아야 한다. 그런데 이를 무시하고 더 많은 것을 손에 넣기 위해 과욕을 부린다면 그것은 불행을 자초하는 것과 다름이 없다.

지인 중 D가 있다. 그는 호탕하고 기분도 낼 줄 아는 성품을 가졌다. 그래서 그의 주변엔 늘 사람이 모인다. 한마디로 말해 사람 좋다는 말을 달고 사는 친구다. 그런데 그에겐 버려야 할 나쁜 마인드가 있다. 과욕을 많이 부리는 것이다. 게다가 생긴 것과 다르게 귀가 얇아 그의 부인은 언제나 전전긍긍한다. 그가 무슨 일을 저지를지 모르기 때문이다. 그동안 그의 지나친 과욕으로 인해 마음고생이 심했었다.

물론 그렇다고 해서 그가 막무가내라는 것은 아니다. 그가 벌였던 일이 잘되어 큰 성과를 거둔 일도 있다.

그런데 문제는 그런 일이 늘 있는 것은 아니라는 데 있다.

D는 한번 마음먹으면 누구의 말도 듣지 않고 오직 자기 생각만 내세운다. 그의 황소 같은 고집은 누구도 말리지 못하는 고질병이다.

그는 스포츠 매장을 운영하는데 매출이 인근 스포츠 매장에 비해 높다. 지금 같은 상황에서는 살아가는 데 전혀 지장이 없다. 그런데도 그는 조갈증 나는 사람처럼 돈 버는 일에만 온통 생각을 집중시켰다.

그러던 어느 날 그의 마음을 솔깃하게 하는 일이 생겼다. 그것은 새로운 의류매장 모집 광고였다. D는 주저 없이 대리점 계약을 하였다. 여러 가지로 호조건인 것이 그의 마음을 흔들어 놓았던 것이다.

아내와 친구들이 만류하는 것도 다 뿌리치고 자신의 생각대로 밀고 나갔다. 대리점을 시작하고 처음 얼마간은 그럭저럭 지나갔다. 그런데 얼마 지나지 않아 문제가 생겼다. 처음 생각만큼 장사가 잘되지 않았고 본사 지원도 애초의 것과는 달리 흡족하지 못했다. 무리해서 매장을 얻고 문을 열었는데 가겟세도 못 내는 지경에 이르고 말았다. 그러다 보니 스트레스가 이만저만이 아니었다.

"당신 내 말 안 듣고 고집을 피우더니 꼴좋네."

"내가 나 혼자 잘 되자고 했어? 다 당신하고 애들을 위해서지."

"툭하면 애들하고 날 위해서라지. 이제 어떡할 거야?"

"뭘 어떡해? 다 되는 수가 있으니 걱정하지 마."

"어떻게 걱정을 안 해? 걱정거리를 만들어 놓고선."

"그 사람 참 말 많네."

"뭐가. 내가 뭐 틀린 말 했어?"

"그만해! 내가 다 알아서 할 테니까."

그의 아내는 자신의 말을 듣지 않은 D가 미워 바가지를 긁어댔고, 그로 인해 하루가 멀다고 부부싸움을 벌였다. 화목했던 집안은 침울해지고, 아이들의 얼굴에서도 웃음이 사라졌다. 그야말로 하루아침에 상황이 완전히 변해버린 것이다. D는 이리저리 뛰어다녔지만 누가 돈 쌓아놓고 기다리는 것도 아니어서 여간 어려운 일이 아니었다. 급기야 가게를 내놓는 지경에 이르렀지만 물어보기만 할 뿐 사겠다고 나서는 사람이 없었다.

결국 그는 손해를 보고 가게를 정리하였다. 그 일이 있고 나서 그들 부부는 별거에 들어갔고, 일 년 만에 이혼하고 말았다. D의 지나친 과욕이 결국 그를 인생의 패배자로 몰고 간 것이다. 뒤늦게 후회해봐야 이미 버스는 지나간 뒤였다.

이 일은 비단 D만의 문제가 아니라는 것이다. D와 같은 생각을 하는 사람들이 꽤 많다는 게 문제다. 지나친 과욕은 항상 화를 부르는 법이다.

《탈무드》에 나오는 이야기이다.

어느 마을에 포도원이 있었다. 탐스러운 포도송이가 보는 것만으로도 침을 흘리게 했다. 이때 여우 한 마리가 그 포도송이를 보게 되었다.

"야! 저 탱글탱글한 포도 좀 봐."

군침을 흘리며 여우는 이렇게 말하고는 포도원 주위를 서성거렸다. 워낙 울타리가 단단히 둘러쳐져 있어 포도원 안으로 들어간다는 것은 그렇게 쉬운 일이 아니었다.

여우는 궁리 끝에 살을 빼기로 했다. 살을 빼면 몸이 홀쭉해져서 울타리 사이로 들어갈 수 있을 것으로 생각했던 것이다. 3일 동안 아무것도 안 먹은 여우는 드디어 포도원으로 들어갈 수 있었다.

"과연 나는 머리가 비상하단 말이야."

여우는 큰 소리로 웃으며 자신의 머리를 한번 쓱 쓰다듬었다. 그리고 나선 허겁지겁 탐스러운 포도를 먹어댔다. 3일 동안 굶은 여우의 눈엔 온통 포도송이들로 가득 차 있었다. 먹는 데만 신경 쓰다 보니 어느새 배가 고무풍선처럼 빵빵해졌고, 여우는 트림까지 해가며 뒤로 벌렁 누웠다. 그리고 잠시 후 포도원 밖으로 나가려는데 배가 빵빵해져 나갈 수가 없었다.

아무리 애를 써도 나갈 수가 없어 결국 3일을 꼬박 굶고서야 비실비실 해진 몸으로 포도원 밖으로 나올 수 있었다.

이 이야기에서 보듯 여우는 지나친 욕심에 사로잡혀 신나게 먹어댔지만 결국 울타리를 빠져나오기 위해 먹은 만큼 굶어야 했다.

지나친 과욕이란 어리석은 여우가 벌이는 짓과 같은 것이다. 지나친 과욕에 사로잡히면 상황 판단력이 떨어지는 법이다. 이는 전략에서도 마찬가지이다. 우매한 지휘관은 전쟁터에서 자신의 과욕으로 인해 병사들의 귀중한 목숨을 잃게 만들고 패배자로 전락시킨다.

과욕이라는 것은 일에서든, 삶에서든, 직장에서든, 사회에서든, 전쟁터에서든 부정적인 요소로 작용하는 경우가 많음을 간과

해서는 안 된다. 특히 40대의 인생이란 시기는 더욱더 그렇다.

잘못 꺾은 핸들이 자동차를 절벽 아래로 몰아가듯 40대의 지나친 과욕은 결국 소중한 인생을 송두리째 절망의 바다로 몰고 간다.

인생의 후반기를 안전하게 항해하느냐 아니면 고통의 파도에 휘둘리느냐는 것은 본인에게 달린 문제다.

현명한 40대가 되어 인생 후반기를 멋지게 살아가라.

CHAPTER 6

내 인생에 빛이 되는 마음의 시 한 편

인생의 믿음의 벗
인간관계를 재정립하기

'의리'의 사전적 의미는 '사람으로서 지켜야 할 바른 도리'를 말한다. 그러니까 사람답게 행해야 하는 양심적 규범이라고 할 수 있다. 즉 양심에 반하지 않는 말과 행동이라는 것이다. 이런 의리는 친구 간에도, 직장 동료 간에도, 스승과 제자 간에도, 부부간에도, 형제자매 간에도 꼭 필요하다.

의리를 잘 지켜 행하면 사람과 사람 사이가 물 흐르듯 원만하여 아름답고 행복하게 살아갈 수 있지만, 의리를 지키지 않으면 사람과 사람 사이가 막히게 되어 서로를 불신하고 원성을 사게 된다. 의리를 잘 지켜 행하는 사람은 양심이 바르고 성품이 곧고 정직해서 어딜 가든 거리낌이 없고 사람들로부터 환영받는다. 하지만 의리를 지키지 않는 사람은 양심이 비뚤어지고 성품이 간사스럽고 정직하지 못하다. 이런 사람은 어딜 가든 사람들로부터 원성을 사게 됨으로써 불행한 삶을 살게 된다.

의리합일義理合一 이란 말이 있다. 이는 중국 춘추전국시대의 사상가인 묵자가 한 말로 '의義와 이理는 하나다. 즉 의로움은 곧 이로움이다'라는 의미이다. 다시 말해 의로움은 이익이 되어야 한다는 말이다.

묵자는 중국의 역사에서 매우 중요한 인물이다. 그는 천민 출신으로 지배 계층을 배격하고 가난하고 힘없는 이들을 대변하며, 인간은 누구나 평등하다는 논리를 펼쳤던 진보적인 사상가이다. 그는 인간의 도리란 서로 존중하고 사랑하며, 이익은 서로 나눔으로써 함께 해야 한다고 주장했다. 인간으로서 도리를 지키며 의리를 다할 때 인간의 가치가 바로 서고, 삶다운 삶을 살 수 있다고 주장했다.

묵자의 사상에서 보듯 의리는 사람과 사람 사이에 반드시 지켜야 하는 목숨처럼 중요한 것인데도 이를 헌신짝 버리듯 하는 이들이 있다. 이는 자신을 경멸하고 모독하는 행위이며, 자신을 스스로 사람들과 격리하는 불완전한 행위이다.

동건과 형석은 대학동기이다. 동건의 집은 중산층으로 문화생활을 즐기며 남부럽지 않게 살았다. 동건에 비해 형석은 집이 넉넉지 못했다. 그의 집은 시골에서 농사를 지었다. 형석은 고등학교를 간신히 졸업하고 홀로 서울에 와서 아르바이트를 하며 학비와 생활비를 벌긴 했지만 여간 어려운 일이 아니었다. 집세는 늘 밀리기 일쑤고, 밥은 하루에 한 끼 먹는 것도 벅찰 정도였다. 이때 그에게 도움의 손길을 내민 친구가 동건이다. 동건은 형석의 집안 사정을 알고는 그를 도와주기로 마음먹었다.

"형석아, 네가 언짢게 생각할지 몰라 많이 망설였는데 내가 네게 도움을 좀 주어도 될까?"

구내식당에서 밥을 먹다 동건이 조심스럽게 말을 꺼냈다. 형석의 자존심에 상처를 입힐까 염려해서였다.

"도움? 네가 무슨 돈이 있다고. 너도 집에서 용돈을 타 쓰면서."

형석이 빙그레 웃으며 말했다.

"내게 좀 여유가 있어 조금 나눠 쓸 수 있어서 그래."

형석은 누군가가 도움을 준다면 기꺼이 받아들이고 싶을 만큼 힘들던 터라, 동건의 말은 가뭄 끝에 내리는 단비와 같았다. 그러나 선뜻 그렇게 하라고 말할 수는 없었다.

"어떻게 그래? 그럼 내가 너무 염치가 없잖아."

"우리 사이에 염치는 무슨? 그런 생각하지 마. 지금은 오직 공부하는 데만 집중해."

동건의 말에 감격한 형석은 염치 불고하고 동건의 성의를 받아들였다. 그러자 그의 생활은 숨통이 트이기 시작했다. 방세도 밀리지 않았고, 먹는 것도 거르지 않아도 되었다. 동건은 아르바이트를 하지 않아도 됐지만, 자신이 번 돈을 형석에게 주었다. 그리고 자신이 아르바이트하는 것을 비밀로 했다. 학교를 마친 두 사람은 대기업에 입사를 했고 사회에 나와서도 우정을 이어갔다. 십수 년의 세월이 흐르고 동건은 직장 생활을 계속했지만, 형석은 회사를 그만두고 개인 사업을 벌여 많은 돈을 모았다. 시골에 집도 짓고 논밭도 샀다.

그러던 어느 날 동건은 사업을 하는 동생의 보증을 서준 게 잘못돼 아파트를 날리고 월급까지 압류당하는 지경이 되었다. 하루아침에 생활이 무너져 내렸다. 집을 새로 구해야하는데 돈을 융통해야만 했던 동건은 사정을 말하고 형석에게 돈을 부탁했으나 거절당하고 말았다. 동건은 섭섭했지만 내색하지 않고 집으로 돌아왔다. 다행히 아내가 돈을 변통해서 작은 아파트에 월세로 들어갔다.

형석의 냉정함에 충격받은 동건은 그와 결별을 선언했다. 동건이 대학 생활 내내 그에게 조건 없이 준 돈이 무려 2천만 원이 넘었다. 그 돈은 그가 아르바이트하고 자신의 용돈을 줄이면서까지 도와준 거였다. 그뿐만이 아니라 형제처럼 그를 대해주었던 것이다. 하지만 돌아온 것은 배신과 아픔뿐이었다. 형석은 그토록 어려울 때 동건으로부터 도움을 받았지만, 세월이 흐르고 잘살게 되자 모든 걸 잊고 말았다. 돈 앞에 의리라고는 눈 씻고 찾아볼 수도 없는 수전노와 같은 사람일 뿐이었다.

"열매를 맺지 않는 꽃은 심지 말아야 한다. 의리 없는 친구는 사귀어서는 안 된다."

《명심보감》에 나오는 말로 의리를 지키지 않는 자는 사람으로서, 친구로서, 한 인격체로서도 자격이 없음을 뜻한다. 의리가 없는 사람은 사람 구실을 제대로 할 수 없기 때문이다. 이런 까닭에 의리없는 사람이 열매를 맺지 못하는 꽃과 같다는 말은 더 공감을 자아내게 한다.

의리를 기르고 지키며 살기 위해서는 인간관계에 휘둘리지 말고, 어떤 상황에서도 자신의 본분을 잊지 않는 것이 중요하다. 또한 부화뇌동하지 말고, 귀가 얇아지지 않도록 해야 한다. 그리고 자신이 옳다고 생각하는 일에서는 절대로 물러서지 말며, 그 누가 아무리 자신을 방해한다고 해도 절대 현혹되어 넘어가서는 안 된다.

이에 대해 프리드리히 니체는 다음과 같이 말했다.

"타인을 알아가고 가까이 사귀어 친분을 공고히 하는 것을 사교 혹은 교제라고들 하나, 대다수의 사람은 사회 속에서 타인과의 교제를 통해 자신의 순수성을 현저하게 잃어간다. 심지어 비열해지기까지 한다. 그렇기에 우리는 더욱 강인해져야 한다. 타인의 주장이나 인간관계에 휘둘리지 않고, 물들지 않고, 휩쓸리지 않고 본래의 자신을 지켜나가야 한다. 이를 위해서는 무언가를 버리는 단호함과 용기, 통찰력이 필요하다. 그런 자만이 고독을 두려워하지 않고, 오히려 고독 속에 자신을 온전히 내던지는 즐거움을 맛볼 수 있다."

요즘 우리 사회를 보면 돈 문제로 인해 가족끼리 남남처럼 되고, 수십 년 막역지우가 원수처럼 변한다. 한 가족 같은 직장 동료들끼리 노조 문제로 패가 갈려 서로를 비난하고 힐책하며 집단 소송을 제기하는 것도 마다하지 않는다. 이처럼 의리가 땅에 떨어져 쓰레기처럼 뒹구는 시대에 우리는 살고 있다.

니체의 말에서 보듯 의리를 지키며 산다는 것은 때론 외롭고 고독할 때도 있다. 사람들의 마음이 다 내 마음 같지 않기 때문이다. 그러나 인간답게 살기 위해서는 반드시 의리를 지켜야 한다. 내가 조금 더 양보하고 배려하면 문제 될 것이 없다. 사람답게 의리를 지키며 살아가야 한다. 생명같이 소중한 의리가 없는 사람은 본분이 없는 사람과 같다. 이런 사람으로 살아간다는 것은 자신에게 치욕적인 일이다. 그래서 이런 사람과는 절대로 인간관계를 맺어서도 안 되고, 그런 사람이 자신의 주변에 있다면 과감히 정리하는 것이 좋다.

특히, 40대는 더더욱 이를 마음에 담아 실천해야 한다. 그런 사람을 계속 인생의 벗으로 둔다는 것은 자신에게는 독이 되기 때문이다. 지금 자신의 주변을 돌아보라. 그리고 취할 사람은 취하고 버릴 사람은 반드시 버려라.

그렇다. 인생을 사는 동안 믿음의 벗이 되는 새로운 인간관계를 재정립하라. 그것이 인생 2막을 행복하게 살아가는 데 있어 절대적으로 필요하기 때문이다.

생각이 녹슬지 않게 하기

"오늘 배우지 아니하고 내일이 있다고 말하지 마라. 올해 배우지 아니하고 내년이 있다고 말하지 마라. 날과 달이 흘러가서 세월은 나를 위해 늦추지 않는다. 아, 늙었도다. 이 누구의 허물인가."

이는 주자가 한 말로 배움에 대한 경각심을 일깨워준다. 사람들이 흔히 하는 말 중에 "오늘 못하면 내일 하면 되고, 내일 하지 못하면 그다음 날 하면 되지. 세월이 뭐 좀 먹나?"하고 말한다.

이는 대단히 잘못된 생각이다. 오늘 할 일을 미루면 그만큼 시간을 까먹는 것이다. 그러니 세월이 좀을 먹는 셈이다. 오늘 할 일은 오늘 해야 한다. 좋은 시절에 부지런히 힘쓰지 않으면 퇴보하는 것이며, 오늘 할 일을 하는 사람에겐 그만큼 뒤처지게 된다.

여조삭비如鳥數飛라는 말이 있다. 이는 '새가 하늘을 날기 위해 날갯짓을 하는 것'으로 '배움도 쉬지 않고 끊임없이 익혀야 한다.'라는 의미이다. 알에서 부화한 아기 새는 어미가 잡아다 주는 먹이를 먹고 자라면 본능적으로 날개짓을 한다. 수없이 날갯짓함으로써 날개에 근육을 단련해서 비로소 날 수 있다. 배움 또한 이와 같아 끊임없는 반복 학습으로 실력을 기르게 되고, 자신이 원하는 것을 막힘없이 해 나갈 수 있는 것이다.

"가장 유능한 사람은 배움에 힘쓰는 사람이다."

이는 요한 볼프강 폰 괴테가 한 말로 배움이 사람에게 있어 얼마나 중요한지를 잘 알게 한다.

배우는 데는 자격이 없다. 미천한 사람이든, 좋은 환경을 갖춘 사람이든, 부유한 사람이든, 가난한 사람이든 남녀노소를 가리지 않고 배울 수 있다. 그가 누구든 배우려는 열의만 있으면 얼마든지 배울 수 있다.

그렇다면 배움에서 중요시해야 하는 것은 무엇인가. 열의만 가지고 하면 되는 것일까. 아니면 배움에 대한 비결이 있는 것일까. 이에 대한 가르침의 말을 마음에 새기는 것도 큰 도움이 될 것이다.

학이불사즉망 사이불학즉태學而不思則罔 思而不學則殆. 이는 《논어》위정 15장에 공자가 이르기를 '배우기만 하고 스스로 생각하지 않으면 헛되고, 생각만 하고 배우지 않으면 위태롭다.'라는 뜻으로, 즉 배운 것은 반드시 깊이 생각해야 내 것이 되고, 생각한 것은 배움으로써 그 가치를 드러내는 것이다.

인생에서 40대는 인생을 전 후반으로 나눌 때 딱 가운데 위치한다. 달리 말하면 인생 후반기를 시작하는 위치에 놓여있음을 뜻한다. 대학에서 배운 공부로는 시시각각 변화하는 시대의 흐름을 따라가지 못한다. 변화에 따르고 변화를 주도적으로 이끌고 가기 위해서는 무조건 배워야 한다. 물론 직장 생활을 하면서 배움을 갖는다는 것은 쉽지 않다. 바쁜 가운데 시간을 내야하고, 잠을 줄여야 하는 등 육신의 고통이 따르고 정신적 고통도 따른다. 하지만 시시각각 변화하는 시대의 흐름에 뒤처지지 않으려면 감내해낼 수밖에 없다. 감내한 사람만이 시대의 흐름에 끌려가지 않으며, 사람에 따라서는 시대의 흐름을 주도하기도 한다.

좋은 목수는 늘 연장을 반질반질하게 손질하여 가지고 다닌다. 그리고 시간만 나면 연장을 갈고 닦으며 손질을 한다. 훌륭한 축구 선수 시절을 거친 사람이 반드시 좋은 감독이 되지는 않는다. 자신의 실력만 믿고 새로운 전략을 펼치거나 전술을 연구하지 않으면 좋은 성과를 내지 못하기 때문이다. 그런데 축구 선수로서는 두각을 나타내지 못한 사람 중엔 훌륭한 감독이 많다. 이들은 자신의 부족한 축구 기술을 보강하기 위해 피나는 공부를 했고 그 열정이 결국 자신을 성공한 감독이 되게 한 것이다. 이는 농구는 물론 배구 등 어떤 종목에서도 마찬가지다.

마찬가지로 직장 생활을 잘하기 위해서는 배움에 열정을 쏟아야 한다. 나이가 들수록 더 많이 배워야 한다. 그래야만 감각을 떨어트리지 않고, 후배들과의 경쟁에서도 밀리지 않고 제자리를 굳게 지킬 수 있다.

물론 40대들은 배움의 중요성을 누구나 안다. 하지만 안다고 해서 배움이 내 것이 되는 것은 아니다. 배움의 중요성을 아는 만큼 열심히 배워야 한다는 데 있다. 이치가 이런데도 배우지 않고 시간을 보내는 사람들이 많다. 더구나 언제 어떻게 될지 모르는 게 요즘 직장이다. 만약을 대비해 인생 2막을 위해서라도 배워야 한다. 그것이 기술이든, 요리든, 부동산이든 그 무엇이든 간에 자신이 잘 할 수 있는 분야에 대해 배워두어야 한다. 배우기는 힘들어도 배워두면 요긴하게 쓸 수 있다.

실제로 배움을 멈추지 않는 40대가 배우지 않는 40대보다 더 나은 위치에서 더 나은 대우를 받으며 직장생활을 하고 있다. 또 내가 아는 사람 중엔 40대에 부동산학을 공부해서 자격증을 따두었다가 갑작스럽게 직장에서 나오게 되자 곧바로 부동산사무소를 차려 직장을 잃은 공백 없이 자신의 몫을 다 하는 이도 있다.

그런데도 시간이 없다고 툴툴거리고, 이 나이에 무엇을 배우냐며 배짱 좋게 뒷짐을 진다면 그것은 자살행위와도 같다.

배움은 끝이 없고 언제나 현재 진행형이다. 지금 배우지 못하면 그만큼 남에게 뒤처지게 되고, 한 번 흘러간 시간은 되돌릴 수 없으니 시간 탓도 하지 말고 더더구나 나이 탓도 하지 말고 배울 수 있을 때 힘써 배워야 한다.

"하루를 공부하지 않으면 그것을 되찾는 데 이틀이 걸린다. 이틀을 공부하지 않으면 그것을 되찾는 데 나흘이 걸린다. 일 년을 공부하지 않으면 그것을 되찾는 데는 이 년이 걸린다."

이는 《탈무드》에 나오는 말로 배움의 시간을 게을리하면 그만큼 자신에게는 손해가 된다는 말이다. 배움의 손해에 대해 고대 그리스 3대 비극 시인 가운데 한사람인 에우리피데스Euripides는 "배움을 소홀히 하는 자는 과거를 상실하고 미래도 없다."고 말했다.

참으로 무서운 말이 아닌가. 인간이 과거를 상실하고 미래가 없다면 더는 인간의 삶이 아니다. 그것은 살아 있어도 산목숨이 아니다. 그런즉 배움이란 실존의 행위며, 인간은 배움을 통해 더욱 인간다워지는 것이다.

배움을 지속함으로써 늦은 나이에 더 좋은 성과를 내고 세계사에 영원히 남는 인물이 된 사람들이 있다.

르네상스 시대의 대표적인 화가이며, 건축가이자 조각가였던 미켈란젤로는 쉰다섯 살 때 피렌체의 라우렌치아나 도서관을 건축했으며, 예순세 살 때 성 베드로성당을 건축하여 천장에 〈최후의 심판〉 그림을 그리고, 반구형 지붕 작업을 완성했을 때 그의 나이는 여든아홉이었다.

독일의 대표적인 철학자 임마누엘 칸트가 최고의 역작인 《순수이성비판》을 마쳤을 때 그의 나이는 쉰일곱이었다. 그리고 그 후 그가 작고하기 전에 쓴 책이 《실천이성비판》, 《판단력비판》등으로 그는 나이가 들수록 더욱 왕성한 글쓰기를 하였다.

미켈란젤로나 칸트가 나이 들어서 더 좋은 성과를 낼 수 있었던 것은 자신들의 뛰어난 재능에도 불구하고 배움의 열정을 놓지 않았기 때문이다. 그랬기에 배움은 그들에게 '인생의 승리자'라는 타이틀을 손에 들려주었다.

그렇다. 배움은 사람을 배반하지 않는다. 배우고 익히는 한 그것은 모두 자신의 것이 된다. 또한 배움은 사람을 기다려주지 않는다. 배우는 일에 한계를 짓지 말고, 평생을 배우는 자세로 배움에 임할 때 좋은 인생을 갈무리하게 된다.

40대는 가장 바쁘고 가장 힘든 시기다. 하지만 참고 견딤으로써 배워야 한다. 배우지 않는다면 인생 2막을 쓸쓸히 맞게 될지도 모른다.

배움은 실존의 행위이며 인간으로서의 의무와 권리라고 할 수 있다.

삶의 재충전을 위한 인생의 쉼표

사랑의 연탄 은행으로 유명한 원주 밥상공동체의 초청으로 인문학 강연을 했다. 강연 초청을 받고 순간 망설임이 일었다. 강연의 대상자들이 적게는 50대에서 많게는 80대에 이르기까지 평균 연령이 70대였기 때문이다. 게다가 배움의 정도가 제각각이라 어디에 초점을 맞춰 강연할 것인가를 생각하니 신경 써야 할 부분이 많았기 때문이다.

하지만 나는 곧 승낙했다. 누구나 알아들을 수 있도록 최대한 말을 쉽게 하고, 그분들이 재미있어하도록 하면 된다는 생각에서였다.

강연은 4회에 걸쳐 보름 간격으로 진행되었는데 〈청춘, 인문학을 공유하다〉라는 주제에 대해 제1강 '나를 찾아서', 제2강 '참 행복이란 무엇인가', 제3강 '문학은 삶의 비타민이다', 제4강 '책을 통해 인생을 재발견하다'라는 제목으로 강연하였다.

강연회 첫날 강당을 꽉 채운 어르신들을 보고 나는 놀라움을 금치 못했다. 인문학 강연에 이렇게 많은 분들이 참석할 줄 몰랐기 때문이다.

나는 배운 것 없이 평생을 농사일하며 살아오다 72세 때 독학으로 그림을 그리기 시작해 미국의 국민화가로 칭송받는 안나 메리 로버트슨의 창의적이고 생산적인 삶과 99세에 시집을 내 100만 부나 팔리는 기적을 이룬 일본의 시바타 도요 할머니의 감동적이고 열정적인 삶을 이야기하며, 나이를 먹어도 자신의 자아를 찾아서 산다는 것은 자신을 축복하는 행복한 일이라며 강조하였다. 그리고 청춘은 나이에 상관없이 '지금 이 순간'이라고 말하며 하루하루를 자신을 위해 열정을 다하라고 말했다. 나를 바라보는 그분들의 눈은 초등학생의 맑은 눈망울처럼 반짝였고, 때때로 큰 박수로 자신들의 감동을 표현하였다.

나는 인문학 주제에 맞는 노래를 함께 부르며 뜨거운 열기 속에 첫 번째 강연을 마쳤다. 그동안 중고등학생은 물론 대학생, 직장인들을 대상으로 했던 그 어떤 강연보다도 더 열정적인 모습을 보여준 어르신들의 모습에 크게 감동하였다.

뜨거운 마음으로 강당을 나오는데 내 손을 꼭 잡고 좋은 말씀 감사한다며 인사를 하는 어르신들을 보며 참 행복했다.

나는 첫 번째 강연의 여세를 몰아 마지막 강연까지 즐겁고 행복한 마음으로 마쳤다. 강연을 마칠 때까지 어르신들이 보여준 열정은 한결같았다. 어르신들을 통해 다시 한번 깨달았다. 나이는 다만 숫자에 불과하다는 것을.

그분들이 그토록 열정을 갖고 강의에 임한 것은 젊은 날 해보고 싶은 것을 해보지 못한 아쉬움이 컸기 때문이라는 것을 알았다. 당시만 해도 먹고 사는 일이 무엇보다 중요한 인생의 과제였던 시기를 살아오신 분들이다 보니, 자신이 하고 싶은 일이나 좋아하는 일을 한다는 것은 그림의 떡과 같은 일이었다. 그 세월의 무게를 견디며 자식을 먹이고 입히고 가르치고 짝을 이뤄 가정을 이루게 하는데 푸릇푸릇하던 젊은 날을 다 바친 분들이다.

그런데 평균수명이 길어지고 건강한 몸으로 그냥 집에서 무료하게 있을 수만 없어, 공공기관 및 복지회관 등에서 무료로 하는 강좌에 참여하는 어르신들이 많다. 무엇보다도 젊은 시절 자신들이 해보고 싶었던 것을 할 수 있는 기회가 되고, 나이가 들어 비록 몸은 늙었어도 마음만은 청춘인지라 그 열정을 감출 수가 없었던 것이다.

평생교육 이념을 실현코자 하는 정부의 방침에 따라 도시든 시골이든 대한민국 어디든 공공기관 및 주민 센터, 복지회관 등에 가면 다양한 프로그램이 개설되어 있어 본인이 하고 싶은 것을 얼마든지 배울 수 있다.

몇 가지 예를 들면 글쓰기 강좌, 서예 교실, 그림 교실, 건강 교실, 노래 교실, 시조창 교실, 연극 교실 등 그 종류도 아주 다양하다. 본인만 부지런히 움직이면 배우고 싶은 것을 얼마든지 배울 수 있다.

40대들은 직장과 사회에서 가장 중심축인 세대이다. 거듭 말하지만 그러기 때문에 할 일도 많고 해야 할 것도 많다. 그런데 하고 싶은 것을 제대로 할 수 없다고 말하는 이들이 있다. 하지만 주 5일 근무를 하고, 공휴일마다 철저하게 쉰다. 과거에 비교해 시간상으로 상당히 여유롭다. 마음만 먹으면 자신이 하고 싶은 것을 얼마든지 할 수 있다. 다만 자신이 열의를 갖지 않아 못하는 것뿐이다.

다음은 40대를 오직 일에만 매달려 살다 50대에 들어 비로소 자신이 하고 싶은 것을 하면서 산다는 것이, 인생에서 얼마나 중요하고 행복한 일인지에 대해 알게 된 가슴 따뜻한 이야기이다.

후배 중에 M이 있다. 그는 대기업 부장으로 사랑하는 아내와 아들딸과 함께 45평 아파트에서 남부럽지 않게 산다. 그에게는 지방에 수천 평의 땅과 임대로 준 4층 건물도 있다. 그가 그렇게 되기까지에는 30대 초반부터 쉰둘의 지금까지 혼자만 바쁜 것처럼 살아온 많은 노력과 열정이 있었다.

M의 나이 쉰하나이던 9월 어느 날 그의 동기 중 하나가 갑자기 의식을 잃고 쓰러져 수술받을 겨를도 없이 세상을 뜨고 말았다. 그 또한 누구보다도 열심히 살았으며 M과는 절친이었다. M은 깊은 상실감에 빠졌다. 내가 무엇을 위해 지금껏 아등바등 살아왔을까, 하는 생각이 들자 갑자기 서글퍼져서 혼자 술을 마시다 흐느껴 울었다.

사랑하는 가족과 즐거운 시간도 갖지 못한 채 오직 일에만 파묻혀 살아온 자신이 너무 한심하게 생각되었다. 그리고 무엇보다 지금껏 아무런 불평 없이 지내온 가족들에게 미안했다.

특히, 묵묵히 내조하며 두 아이를 잘 키우고 부모님을 정성껏 봉양해준 아내에게 너무 미안했다. 마치 자신이 죄인이 된 기분이었다.

M은 생각했다. 이제부터는 자신이 아내를 위해 살 차례라고. 그는 아내와 같이해보고 싶은 것을 하나씩 하나씩 해보기로 굳게 마음먹었다.

M은 아내와 처음 만났을 때 탔던 남산 케이블카를 타기로 계획을 세우고 아내에게 말했다.

"여보, 우리 이번 토요일에 남산 케이블카 타러 갈까?"

M의 아내는 남편의 뜻밖의 말에 놀라워하면서도 흔쾌히 말했다.

"그럼 나야 좋지. 나도 언제부턴가 당신과 케이블카를 타보고 싶었는데, 그런 내 마음을 어떻게 알았을까."

M의 아내는 환하게 웃으며 좋아했다. M은 아내의 좋아하는 모습에 마음이 짠해졌다. 자신이 참 무심히 살아왔구나, 하는 생각에 자책감이 들었던 것이다.

토요일이 되자 M 부부는 산뜻하게 차려입고 남산 길을 따라 걸어 올라갔다. 10월 초순의 맑은 날씨는 걷기에 딱 좋았다. 때마침 바람도 산들산들 불어 폐부 깊숙이 시원함을 느꼈다. M은 가만히 손을 내밀어 아내의 손을 잡았다. 그의 행동에 아내는 빙그레 미소 지었다. 아무런 말을 하지 않아도 좋았다. 느낌만으로도 따뜻한 감정이 서로의 가슴에 물결치며 흘러넘쳤다.

"여보, 이렇게 당신하고 남산 길을 걸으니 당신을 처음 만났을 때 생각이 새록새록 피어나네. 그때 당신 정말 풋풋하고 예뻤지. 지금도 마찬가지지만."

"어머, 그래? 당신은 어떻고. 당신 또한 참 멋졌지. 내 눈엔 알랭 들롱보다도 더 멋있었어."

"그래? 기분 좋은데. 당신에게 칭찬을 다 듣고."

M이 아내의 말에 너털웃음을 지며 말하자 그의 아내도 즐겁게 웃었다.

얘기하는 동안 케이블카 타는 곳에 도착했다. 사람들이 제법 많았다. 표를 끊고 케이블카에 올랐다. 케이블카는 남산을 향해 오르기 시작했다. 서울 시내가 한눈에 들어왔다. M 부부는 그 멋진 풍광을 스마트폰에 담았다.

잠시 후 케이블카가 멈추자 M 부부는 남산 정상으로 갔다. 그곳에서 사랑의 열쇠에 행운을 담은 글을 썼다. 그리고는 N서울타워(남산타워)에 올라 전망대에서 구경한 뒤 레스토랑에서 식사를 했다. M의 아내는 아이처럼 좋아했다. M은 아내가 좋아하는 모습에 또 콧날이 찡해졌다.

"진즉에 왔어야 했는데 여보, 미안해. 내가 너무 무심했어."

"그게 무슨 말이야? 이렇게 오랜만에 오니까 더 좋잖아. 그런 생각하지 마. 난 지금 이 순간이 너무 좋아."

"여보, 오늘을 계기로 가끔 우리 둘만의 시간을 갖자."

"그래? 듣던 중 가장 반가운 말이네. 당신이 어떻게 하나 기대할게."

M의 아내는 이렇게 말하며 활짝 웃었다. M은 아내의 말에 그동안 미안했던 감정이 조금은 누그러졌다. 그들은 팔각정에 앉아 불어오는 바람을 맞으며 지난 시절 이야기꽃을 피웠다. 결혼하고 아이들을 낳고 부부가 함께 늙어간다는 게 오늘처럼 행복한 적이 또 있을까 싶을 만큼 M 부부는 행복한 하루를 만끽하였다.

그날 이후 M 부부는 덕수궁을 비롯한 서울 명소를 둘러보고, 정선 아리랑 열차, 오 트레인 기차 여행, 배낭여행 등 복잡한 현실에 삶의 쉼표를 찍으며 자신들이 해보고 싶은 것을 하나씩 하나씩 실행하며 역동적으로 생활하고 있다.

"마음이 어둡고 심란할 때엔 가다듬을 줄 알아야 하고, 마음이 긴장하고 딱딱할 때는 풀어 버릴 줄 알아야 한다. 그렇지 못하면 어두운 마음을 고칠지라도 흔들리는 마음에 다시 병들기 쉽다."

《채근담》에 나오는 말이다.

그렇다. 복잡한 현실에 치여 마음이 심란하고 메마를 땐 삶의 쉼표가 필요하다. 삶의 쉼표는 삶의 윤활유와 같아 지치고 메마른 마음을 활기차고 촉촉하게 만들어주기 때문이다. 또한 마음의 여유를 갖게 되어 자신의 현재를 되돌아보게 됨으로써 삶을 더욱더 생산적이고 창의적으로 살아가는 데 도움이 된다.

40대들이여, 자신의 2막 인생을 위해 시간이 없더라도 시간을 내어 M 부부가 하듯이 자신이 하고 싶은 것을 해보라. 새로운 에너지가 분출함으로써 일도 더 능률적으로 하게 되고, 새로운 활력으로 인해 행복하고 즐거운 일상을 보내는 데 큰 도움이 될 것이다.

열정의 나이라는 것이 있다. 이는 생물학적 나이와는 전혀 관계없는 에너지의 나이이며 희망의 나이이다. 꽃 같은 청춘도 열정을 잃으면 청춘이 아니다. 하지만 팔십의 어르신도 열정을 잃지 않으면 청춘인 것이다. 40대를 후회 없이 잘 보내야 50대에 들어 희망적이고 열정적으로 자신의 인생을 살게 된다. 지혜롭고 현명하게 40대를 보내야겠다.

내 인생에 빛이 되는 마음의 시 한 편

한 편의 좋은 시는 인생의 빛이 되어준다. 시를 좋아하는 사람들 중엔 자신이 애송하는 시 한 편은 꼭 마음에 품고 있음을 볼 수 있다. 그래서 힘들고 어려울 때마다 읽으면 큰 힘이 되고 위로가 된다고 말한다. 꿈과 용기를 주는 좋은 시는 '삶의 비타민'이 되어 어려움을 이겨내는 데 큰 힘이 된다. 또한 삶에 지치고 마음이 메마를 때 읽는 한 편의 좋은 시는 마음을 맑게 정화해줌으로써 마음을 따뜻하게 해준다. 이처럼 한 편의 좋은 시는 그 무엇보다도 강한 힘이 있다.

문예 창작을 강의할 때 일이다. 수강생 중 P는 마흔 살 전까지는 남편과 두 아이와 세상을 다 가진 듯 행복하게 살았다고 한다. 그런데 40대 들어서 큰 위기를 맞았다. 그동안 따로 사시던 시부모님을 갑자기 모셔와 살게 된 것이다. 결혼해서 십수 년을 누구의 간섭도 받지 않고 자유롭게 살아왔는데 그 모든 것이 하루아침에 변하고 말았다.

P는 매끼 시부모님께 따뜻한 음식을 해서 드렸다. 그러다 보니 맘 놓고 외출 한번 못했다. 그동안은 수시로 교양강좌를 들으러 다니고, 친구들과 커피숍에서 이야기를 나누며 자유롭게 지냈는데 모든 생활이 달라지고 말았다. 외출을 못 하고 집안에서 지내다 보니 스트레스만 쌓여 모든 화풀이를 남편에게 퍼부어댔다. 남편이 할 수 있는 일이란 P를 어르고 달래주는 것밖에 없었다. 그렇다고 부모님을 다시 따로 사시라고 할 수 없는 노릇이고 보니 남편 또한 스트레스가 이만저만이 아니었다.

그러던 어느 날 P의 현재 상황을 잘 알고 있는 친구가 평생교육관에서 하는 문예 창작 강의를 들어보자고 권유하여 수업을 시작하게 되었는데, 듣다 보니 마음이 편안해지는 걸 느꼈다. P는 강사인 내 시집을 사서 읽기 시작했다. 한 편 한 편 읽을 때마다 마음이 따뜻해지고 평온해지는 걸 느꼈다. 그러던 중 〈한 번쯤은〉이란 시를 읽고 나서 가슴이 뭉클해지며 눈물이 났다. 자신의 화를 다 받아주느라 누구보다도 힘든 남편이 생각났던 것이다. 자신의 부모님이다 보니 어찌할 수 없어 자신의 화를 다 받아주면서도 꾹 꾹 참느라 애쓰는 그가 너무 가여웠다. 순간 그녀는 자신이 너무 심했다는 죄책감이 들었다. 자신이 힘들다고 힘들게 일하고 퇴근한 남편에게 따뜻한 눈길 한 번 건네지 않았던 6개월 동안 남편은 얼마나 힘들었을까, 생각하니 너무 안쓰러워 이불을 뒤집어쓰고 엉엉 울었다. 그렇게 울고 나자 그동안 답답했던 마음이 싹 사라지고 마음이 후련해짐을 느꼈다.

P는 맛있는 저녁을 준비하고 남편이 오기를 기다렸다. 귀가한 남편을 따뜻하게 맞아주는 P의 달라진 행동에 남편은 어리둥절한 모습을 하며 식탁에 앉았다. 마침 그날 시부모님은 서울에 사는 시동생 집에 가신 관계로 모처럼 둘만의 시간을 갖게 된 것이다.

"당신 좋아하는 꽃게 매운탕 했으니 맛있게 먹어."

미소를 띠며 P가 말했다.

"고, 고마워. 당신도 어서 먹지."

남편은 너무도 달라진 P를 보고도 믿기지 않는지 더듬거리며 말했다. 둘은 식사를 하며 술도 나눠 마셨다. P는 그동안 있었던 일을 사과하였다. 그러자 남편은 감격한 모습으로 일주일에 한 번 둘만의 시간을 갖자고 했다. 그 날 이후 P는 일주일에 한 번씩 남편이 퇴근하면 테니스를 치러 다녔다. 테니스를 치고 나서 마시는 시원한 맥주는 일주일 동안 쌓인 피로를 확 풀리게 해주었다. 그러자 집안은 다시 따뜻한 기운이 감돌고, 시어머님은 P에게 일이 있으면 우리 걱정하지 말고 언제든지 외출하라고 말씀하셨다.

P는 그동안 자신에게 있었던 일을 이야기하면서 자신을 어둠에서 해방해준 시가 〈한 번쯤은〉이라고 말해 수강생들의 뜨거운 박수를 받았다. 다음은 P의 마음을 감동하게 하며 그녀 평생의 시가 된 시이다.

한 번쯤은
냉정하게 서로를
생각해 볼 필요가 있을 겁니다

그래도 서로에게
꼭 필요한 사람이라면
그 사람의 허물까지도 사랑하세요

당신의 아낌없는 사랑으로
그의 사랑이
더욱 진지해질 수 있다면
그 얼마나 감사한 일인가요

이 세상에서
가장 값진 사랑을 원한다면

그의 아픔도 슬픔도 고통까지도
당신의 너그러운 사랑으로 감싸주세요

–〈한 번쯤은〉

어느 날 메일이 도착해 있었다. 메일을 보낸 사람은 내 열렬한 팬이라는 마흔세 살의 남자였다. 그동안 악착같이 돈을 버느라 결혼도 안 하고 오직 돈만이 최고의 기쁨이며 행복이라고 여기며 살았다고 했다. 그는 커다란 레스토랑 외에도 사채업을 하다 보니 남의 마음에 상처 주는 일도 아무렇지 않고 마치 돈만 아는 수전노처럼 지냈다고 했다. 그래서 남들한테 욕도 많이 먹고, 친구들도 없다고 했다. 오직 돈만이 자신의 목적이었다고 했다.

그런데 그런 그에게 인생의 변화가 온 것이다. 그의 어머니가 돌아가시고 나자 하늘이 무너지는 것 같았다고 했다. 어머니는 그에게 하늘과도 분이셨다고 했다. 언제나 그에게 힘이 되어주셨던 어머니였는데, 이제 어머니를 다시는 볼 수 없다고 생각하니 이제 누구를 의지해야 할지 막막했다고 한다. 그러던 중 인터넷에서 〈따뜻한 별 하나 갖고 싶다〉라는 시를 보게 되었고, 그 시를 읽고 마음이 차분해지고 따뜻해짐을 느꼈다고 했다. 그다음 날 서점에 가서 시집을 사서 집에 가져와 단숨에 읽었다고 했다. 시가 이처럼 사람 마음을 포근하게 한다는 것이 신기할 정도라며 좋은 시를 써주신 시인님께 감사드린다고 했다.

그리고 지금과는 다르게 살아야겠다는 마음이 들었다고 했다. 어머니가 돌아가시기 전, 돈 버는 데만 집착하지 말고 여자도 사귀어 보라고 하시며 다만 사채업은 하지 말라고 당부하셨다 한다. 말씀대로 사채업을 접었고 그러고 나자 이상하게도 마음이 후련해지더라고 했다.

그 후 여자도 만나서 교제하는 중이라고 한다. 이 모두가 시를 읽고 생긴 변화라고 했다. 그가 처음 읽고 감동했던 시이다.

별을 보면
이 세상 모든 슬픔과 아픔을
어루만져 다독여 줄 것만 같다

시시때때로 나도 모르게
시린 가슴이 될 땐
야윈 두 뺨 위에 흘러내리는
차가운 눈물을 닦아 줄
따뜻한 별 하나 갖고 싶다

별을 보면
이 세상 모든 사랑과 평화를
따스하게 품어 안고 있을 것만 같다

내 사랑이 모자라
사랑하는 이가 눈물을 보일 때나
내 이기심이 사랑하는 이를 분노하게 할 땐
허허로운 내 빈 가슴을 가득 채워 줄
따뜻한 별 하나 갖고 싶다

별을 보면
새하얗게 반짝이는 별이 되어
내가 사랑하는 모든 이들에게
죽어서도 사라지지 않을
따뜻한 별 하나 남기고 싶다

–〈따뜻한 별 하나 갖고 싶다〉

한 편의 좋은 시는 한 편의 장편 소설보다도 더 깊은 감동을 준다. 시는 언어의 꽃이며, 서정의 물결이며, 빛의 언어이다. 그래서 용기를 잃은 사람이 시를 통해 용기를 얻고, 삶에 지친 사람에게는 위안이 되어 주고, 서정이 메마른 사람에게는 샘물처럼 맑은 서정을 찾아주고, 희망을 잃은 사람에게는 희망을 되살리게 해준다. 시는 가장 원초적인 인간의 심성을 바탕으로 하는 문학이다. 이것이 시가 모든 문학의 윗자리에 있는 이유이다.

자신이 아끼고 좋아하는 시를 마음에 한 편씩 품고 사는 것이 좋다. 특히, 인생에서 가장 심리적으로 압박을 느끼는 40대는 더더욱 자신이 좋아하는 시를 마음에 품고 살아가길 바란다.

시는 그냥 시가 아니다. 시는 인생의 에너지가 되고, 위안이 되어주고, 길이 되고, 꿈이 되어 주기 때문이다.

절대 해서는 안 되는 것들

나이 들어간다는 것은 늙는 것이 아니라 지금보다도 더 인생을 잘 살아가는 과정이라고 생각한다. 젊었을 때는 쓸데없는 객기로 인해 실수도 하고, 사람들로부터 손가락질도 받을 때도 있고, 과욕으로 인해 어려움을 겪기도 한다. 그래도 젊다는 이유로 용서도 되고 다시 기회를 가질 수 있는 시간적 여유도 있다. 하지만 나이를 먹게 되면 이런 것들은 이해받지 못할 일들이고 자신의 인생에 부끄러움을 남기는 일일 뿐이다.

나이를 먹는다는 것은 자신에게나 사회적으로 책임이 따르는 일이다. 그만큼 한 인간으로서 부끄러움이 없어야 한다는 것을 의미한다.

나이 들어가면서 해서 좋은 일도 있지만 절대로 해서는 안 되는 일이 있다. 40대들은 이 점에 대해 분명하게 자각할 필요가 있다. 이를 세 가지 관점에서 살펴보기로 하겠다.

첫째, 동업은 언제나 시한폭탄과 같다.

동업이라는 것은 뜻을 맞춰 힘을 모아 일을 추진한다는 매우 그럴듯한 의미에도 불구하고 언제나 위험성이 따른다. 마치 시한폭탄과 같아 언제 일이 잘못될지도 모른다. 처음엔 마음이 맞아 일을 시작했다 하더라도 도중에 의견충돌을 겪기도 하고, 수익 문제에 이견을 드러내기도 한다. 또한 어느 한쪽이 나쁜 생각을 품고 일을 잘못되게 할 수도 있다. 그런데 문제는 그렇게 부딪치다 보면 마음에 앙금이 남게 되고, 다투게 되면 그로 인해 원수처럼 갈라서기도 한다.

같은 직장을 다니던 Y와 U는 서로 마음이 잘 맞아 바늘과 실 같은 존재였다. 자동차 회사에 다녔던 관계로 자동차 부품대리점을 동업하기로 하였다. 둘은 의기투합해서 가게를 얻는 문제부터 일사천리로 진행하였다. 척척 손발을 맞춰가며 하다 보니 일 처리도 빨랐고, 문제가 발생하면 둘이 힘을 합쳐 해결하였다. 그러다 보니 주변 사람들과 친구들은 그들을 환상의 콤비라고 부르며 부러워하였다. 부품 가게도 잘 돼 2년 만에 매장을 두 배로 늘렸다. 그러자 매장을 늘린 만큼 수익도 더 늘어났다. Y는 욕심이 생겼다. 그래서 매장을 더 늘리고, 카센터를 하는 게 어떠냐며 U에게 말하자 U는 지금 상태에서도 충분하니 더는 욕심내지 말고 지금 이대로만 하자며 말했다. 그러나 Y는 자기 뜻을 굽히지 않고 끈질기게 U를 설득했다. 그리고 만일 자신의 뜻에 따르지 않으면 갈라서자고 했다. U는 여러 날을 곰곰이 생각한 끝에 Y를 믿어보기로 했다. 그래서 대출을 하는 등 자금을 마련해 매장을 더 늘리고, 카센터도 오픈하였다. 처음 얼마간은 잘 되었다. 그런데 문제가 생겼다. Y가 U 몰래 주식에 손을 댄 것이다.

어느 날 주가가 폭락하자 문제가 불거지기 시작했다. Y가 주식에 투자하기 위해 가게를 담보로 돈을 빌리고 나중에는 사채까지 손을 댔던 것이다. 그 일로 인해 하루아침에 부품 가게와 카센터는 채권단에 넘어가고 말았다. U는 Y로 인해 나이 마흔일곱에 완전히 알거지가 되었다. 동업은 이처럼 항상 문제가 따르고, 시작은 좋으나 대개는 끝이 안 좋은 경우를 많이 보았다.

동업은 절대로 하지 말아야 한다. 특히 나이 들어서 하는 동업은 더더욱 위험하다. 이를 분명히 마음에 새겨 그런 일이 없도록 하는 것이 인생의 실패를 막을 수 있다.

둘째, 남에게 피해를 주는 일은 가장 부도덕하며 절대 삼가야 한다. 그것은 자신의 무지를 스스로 드러내는 어리석은 행위이다.

특히나 공공장소에서나 공공주택에서는 각별히 유념해야 한다. 그것은 다수에게 피해를 주는 파렴치한 일이기 때문이다. 길을 가다 보면 금연 구역이라는 표시가 눈을 부릅뜨고 있는데도 아무렇지도 않게 담배를 피우는 사람들이 있다. 그래서 단속 반원이 과태료 영수증을 발급하면 핏대를 세워가며 민주주의를 운운하는 등 말도 안 되는 이야기를 해댄다. 적반하장도 그런 적반하장이 없다. 완전히 초등생 수준도 안 되는 사람들이다.

그리고 아파트 베란다나 복도는 물론 화장실 등에서 담배를 피우는 사람들로 인해 비흡연자들의 고통이 이만저만이 아니다. 심지어는 피해를 당하는 주민이 항의하면 주방 레인지 후드로 연기를 내보내는 철면피들도 있다. 소음 문제 또한 사회문제로 대두된 지 이미 오래다. 그로 인해 불미스러운 일이 자주 일어나 뉴스에 연신 오르내리는 것을 두 눈으로 똑똑히 볼 텐데도 양심의 가책이라고는 눈 씻고 찾아볼 수 없다. 아주 당연한 듯이 담배를 피우고 소음을 일으킨다.

어느 아파트에서 있었던 일이다. 담배를 피우는 것도 모자라 밤낮은 물론 새벽에 소음을 일으켜 문제를 일으키는 사람이 있었다. 그는 집에서 수공업을 하는 사람이었다. 그러다 보니 시도 때도 없이 전동 드릴을 돌려대고 망치질을 하고 바인더로 무엇을 가는지 윙윙대며 소음을 일으켰다. 그뿐만이 아니었다. 화공약품 등의 냄새로 인해 그 집 위 아래층에 사는 사람들의 피해가 이만저만이 아니었다. 참다못한 아래층 주민이 이의를 제기하자 내 집에서 내 맘대로 하는 데 무슨 상관이냐며 도리어 아래층 사람에게 시비를 걸었다. 아파트관리소에서 여러 차례 주의를 시키고 자제를 당부했지만 아랑곳하지 않았다. 배려니 양보니 하는 것과는 전혀 무관한 완전히 얼굴에 철판을 깐 사람이었다.

신사적으로 부탁하고 관리소에서 여러 번 주의하라고 경고하였음에도 오히려 더 심해졌다. 고의로 담배를 더 피우고 더 소음을 냈다. 인내심이 한계에 다다른 아래층 사람은 이에 대한 증거를 시청에 제출하고 그를 고발 조치하였다. 결국 그는 그곳에서 더는 살지 못하고 다른 곳으로 떠나야만 했다.

그 사람이 가고 나자 고통을 안고 살던 아래층 주민과 위층 주민은 물론 다른 이웃들도 마음 편히 지내게 되었다.

이처럼 상식 없는 사람으로 인해 다수가 피해를 보는 일이 너무도 많다. 남에게 피해 주는 일을 아무렇지도 않게 생각하는 양심이 시커먼 사람들은 어디를 가던 제 버릇 개 못 주는 이들이 많다.

흡연이든 소음이든 또는 다른 문제에 있어서든 남에게 피해를 주는 일은 절대 삼가라. 더구나 나이 들어 피해 주는 일을 아무렇지도 않게 하는 사람들은 더더욱 그런 일이 없도록 해야 한다. 그것은 자신의 영혼을 더럽히는 불결하고 패역한 일이기 때문이다.

셋째, 현재에 안주해 자신을 절대로 방치하지 말아야 한다.

현대 사회는 시시각각 변화한다. 자고 나면 어제는 이미 과거가 되고 만다. 그만큼 변화의 속도가 빠르다. 이런 시대에 뒤처지지 않고 살아가기 위해서는 생각을 늘 푸르게 가동해야 한다. 그래서 변화가 필요할 때 당황하지 말고 당당하게 받아들여 변화에 적응함으로써 새로운 내가 되어야 한다. 변화에 대처하는 자세에 대해 미국의 심리학자 바바라 골든은 다음과 같이 말한다.

"세상에 영원이 존재할까. 영원히 얼어 있을 것만 같았던 북극의 빙하는 빠른 속도로 녹고 있으며 오존층도 점점 줄어들고 있다. 사람과 사람의 관계도 언젠가는 끝나게 마련이며 가족과 친구들이 특별한 이유 없이 태도를 바꾸기도 한다. 이처럼 모든 것이 변하는 세상에서 과연 우리는 무엇을 믿고 의지해야 할까.

세상에서 유일하게 영원한 것은 바로 '변화'다. 변화만이 끊임없이 지속되는 것이다. 우리가 알고 있는 이 세상과 우주는 커다란 캐버스에 그려진 일부분일 뿐이며 이것 역시 끊임없이 변화한다. 우리는 갑작스럽게 찾아오는 변화의 성질을 이해하고 긍정적인 마음으로 이를 받아들여야 한다. 앞으로 삶 속에 찾아오는 모든 변화에 당황하거나 주춤하지 말고 있는 그대로 받아들여라. 그러면 비로소 창조의 과정에 자연스럽게 어우러질 수 있으며 평화로운 삶을 살 수 있다."

바바라 골든의 말에서 보듯 갑작스럽게 찾아오는 변화의 성질을 이해하고 긍정적인 마음으로 이를 받아들이는 것이 중요하다. 그리고 그렇게 하기 위해서는 생각의 근육을 단련해야 한다. 육체적 근육이 튼튼하듯 생각의 근육이 튼튼해야 새로운 일이 주어지더라도 두려움 없이 해나갈 수 있기 때문이다. 생각의 근육은 항상 새로운 것을 배움으로써 단련할 수 있다. 배우는 사람에게 변화는 좋은 친구가 되어 그를 새롭게 이끌어주지만, 자신을 방치하는 사람에게는 아주 냉정하게 등을 돌려버린다.

요즘은 분야마다 열리는 강좌가 많다. 각 대학 평생교육원, 도서관 및 공공기관에서 하는 강좌, 신문사에서 하는 강좌, 백화점 등에서 하는 강좌 등 아주 다양하다. 강사진도 각 분야의 전문가들로 구성되어 있어 시간적으로나 경제적으로 자신의 형편에 맞게 선택하면 얼마든지 강좌를 들을 수 있다. 이런 곳에서 하는 강좌는 수강료도 대체로 저렴하여 마음만 먹으면 얼마든지 자신에게 필요한 것을 선택해 들을 수 있다.

그리고 요즘 직장인들이 외국어 학습지, 한자 학습지 등으로 공부를 하는 풍토가 한창 조성되고 있다고 한다. 점심시간이나 출퇴근 시간에 맞춰 학습지 교사가 방문해 시간상으로 공부하기가 매우 쉽다고 한다. 1~2주에 한 번 또는 두 번 자신의 형편에 맞게 하는 데 비용은 2만 원에서 4만 원 정도로 매우 저렴하다. 그런데 비용과 비교해 매우 효과적이어서 점점 그 수가 증가한다고 한다.

이처럼 마음만 먹으면 얼마든지 생각의 근육을 탄탄하게 할 수 있다. 특히, 40대는 더더욱 인생 제2막을 위해 생각의 근육을 탄탄하게 키워놓지 않으면 안 된다. 그것은 자신을 도태시키는 일과도 같다.

일찍 일어나는 새가 더 많은 먹이를 먹듯 남보다 더 부지런히 배워두어야 인생 2막을 능동적이고 희망차게 해 나갈 수 있음을 명심, 또 명심해야 할 것이다.